INHALT

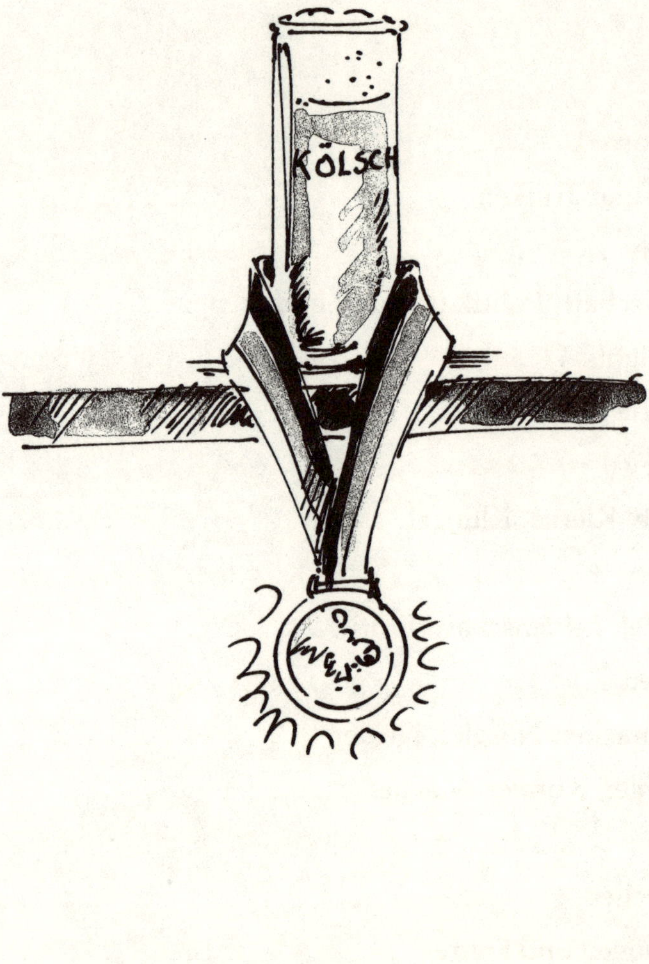
KÖLSCH

RHEINISCHE REKORDE

zusammengetragen
und aufgeschrieben
von
Marcus Bach und Paul Weiden

Illustriert von Rainer Ludwigs

Eichborn.

Die Deutsche Bibliothek — CIP-Einheitsaufnahme

Bach, Marcus:
Rheinische Rekorde / Marcus Bach ; Paul Weiden. Ill. von
Rainer Ludwigs. — Frankfurt am Main : Eichborn, 1993
ISBN 3-8218-2568-5

Umschlaggestaltung: Rüdiger Morgenweck unter Verwendung einer Zeichnung von
Rainer Ludwigs
Illustration: Rainer Ludwigs
Gesamtherstellung: Fuldaer Verlagsanstalt GmbH, Fulda
ISBN 3-8218-2568-5

Verlagsverzeichnis schickt gern:
Eichborn Verlag, Kaiserstraße 66, D-60329 Frankfurt am Main

VORWORT

Wenn Sie in der »Hohe Straße« den Jupp treffen, lädt er Sie sofort zum »Kölsch« ins »Sion« ein, dem ältesten Brauhaus von Köln und schwärmt von seinem besten und aufregendsten Urlaub, den er jemals erlebt hat — bis zum nächsten Trip.

Und wenn die Lisbeth mit Ihnen an der Ampel am »Neumarkt« auf Grün wartet, verpassen Sie glatt zwei, drei Ampelphasen, wenn Betty laut an die bestgebauten Mannsbilder Thailands denkt, obwohl ihr Didi auch nicht gerade der Häßlichste von ganz Köln ist. Aber in der großen, weiten Welt bleiben, für immer? Um Gotteswillen! Das Rheinland ist das »In-Land« schlechthin! Die Trude (Herr, natürlich) hat's ja auch nicht ewig auf den Fidschis ausgehalten. Und blöde war er schon gar nicht, der schnellste Rheinländer, der in knapp vier Wochen per Zug um die ganze Welt reiste, er hatte nämlich die Rückfahrkarte in der Tasche.

Sie und der Rest der Frohnaturen des gesamten Rheinlandes sind absolute Rekordhalter in Sachen »Liebe zu Köln, Liebe zum Rheinland« und wären sie in die entfernteste Ecke der Welt verschlagen, sie verbündeten sich garantiert sofort und stellten den größten Rekord auf, sorgten für eine globale Sensation, denn sie alle gingen »ze Fooß no Kölle«.

Und die sozusagen »politischen« Rheinländer, die Bonner also, sehen's ähnlich. Sie werben seit Jahrzehnten mit Kußmund für das älteste und prominenteste Provisorium der Republik. Und der Kuß wird zweifelsohne der einzige Rekordhalter bleiben in Sachen »Überleben«, wenn sich die Politpromis nach Berlin verziehen.

Wenn Sie, liebe Leser, wissen wollen, weshalb das Lieblingslied der Rheinländer »Warum ist es am Rhein so schön?»

heißt, lesen Sie gerade das richtige Buch, denn im Rheinland ist immer 'was los und gemäß dem Motto »Jeder Jeck ist anders« passiert hier ständig irgend etwas Spektakuläres — meistens so ganz nebenbei. Da werden eigensinnige Meisterstücke, rheinische Jux- und Spaßleistungen erzielt, sogar »Quatsch-Olympiaden« ausgerichtet und natürlich ernsthafte Rekorde körperlicher oder geistiger Art aufgestellt. Und diese bewundernswerten Highlights werden — und das macht die Rheinländer geradezu rekordverdächtig sympathisch — allerdings nicht unbedingt an »St. Peter«, Kölns schwerste Glocke, gehängt. Niemals würden die Jecken vom Rhein lauthals singen »We are the champions«; warum auch? Jeder weiß es doch.

So oder so ähnlich ist dieses Buch entstanden, bei manch einem Glas Kölsch, bei manch einem Verzällche mit dem größten, rheinischen Zwinkern im Auge.

Um die Privatsphäre der Rekordhalter zu schützen, haben wir in besonderen Fällen auf die Namensnennung verzichtet. Personen des geschichtlichen oder öffentlichen Lebens werden mit vollem Namen genannt.

Wenn auch Sie, liebe Leser, zu den Spitzencracks gehören, einen neuartigen Rekord aufgestellt haben oder für's Leben gern einmal Rekordbrecher werden wollen und nun so richtig motiviert sind, schreiben Sie an den

Eichborn Verlag, Kaiserstraße 66, 60329 Frankfurt

Die witzigsten, interessantesten und ausgefallensten Rekorde werden in der nächsten Ausgabe veröffentlicht. Wir freuen uns, wenn Sie dann auch dabei sind. Hier noch ein kleiner Tip: Stürzen Sie sich nicht gleich aus dem 66. Stock, lesen Sie erst einmal in Ruhe zu Ende. Legen Sie sich keinesfalls ab heute für die nächsten 365 Tage nackig auf den Balkon, um hier mit dem originellsten Rekord verewigt zu werden. Sie wissen doch, auf diesen Seiten geht's gar nicht so tierisch ernst zu, und das »Beste« ist uns längst gut genug.

I. ESSEN UND TRINKEN

Süßes Brot

Das gigantischste Marzipanbrot mit 175 Metern Länge ließ die Firma Zentis manuell formen und präsentierte es am 5. Dezember 1984 auf einem der schönsten Plätze Europas, dem Aachener Katschhof, zwischen historischem Rathaus und Dom. Der vorweihnachtliche Genuß der Aachener Firma wog ganze 1,75 Tonnen, was dem Gewicht rund zwanzig wohlgebauter Dressmen entspricht.

Schwarzwälderkirsch einmal anders

Wer hätte das gedacht? Aus einem harmlosen Kaffeekränzchen mit üblem Getratsche über ätzende Nachbarn wurde einer der seltensten Krankenhausbesuche. Eine 47jährige Rheinländerin geriet im Eifer des Kuchenbackens mit dem linken Arm in ihre Teigknetmaschine und steckte vier Stunden lang fest. Endlich rückte die alarmierte Feuerwehr an und befreite die inzwischen heisere Frau mit einem Hydraulikspreizer aus der Maschine. Per Spezialtherapie konnte man im Kreiskrankenhaus zwar den Arm, aber nicht mehr den Teig retten.

Kohl für 20 Pfennig

Die einzigen Politikerköpfe Deutschlands zum Vernaschen konzipiert die 32jährige Produktdesignerin Petra Wrede für den Bonner Süßwarenhersteller Haribo. Sie fummelt, knetet, ritzt und formt so lange, bis die Gummi-Genschers, -Waigels, -Weizsäckers, -Kohls, -Süssmuths und Co. den Originalen gleichen. Wie ihre weltberühmten Kollegen, die bunten Bärchen, sind die politischen Gummifrüchtchen die biegsamsten und süßesten Leckerchen der Republik.

Wettkampf um die feuchtesten Kehlen

Düsseldorf genießt den Ruf, die Stadt mit der längsten Theke Deutschlands zu sein. Allerdings halten Aachener Kneipiers diesen Rekord argwöhnisch im Auge. Sie wollen ihn für sich beanspruchen, denn sie können immerhin auf 348 Bürger ein feuchtfröhliches, »gastliches« Haus vorweisen.

Bier um Überfluß

Im Bierkiosk Pohlenz an der Antwerpener Straße in Köln gibt es natürlich Kölsch zu kaufen: Fünf Sorten in Flaschen und zwei in Dosen. Das allein ist in Köln nicht ungewöhnlich, aber Günther und Ellen Pohlenz haben mit weiteren 2500 ausländischen Bieren das größte Angebot an Biersorten weltweit.

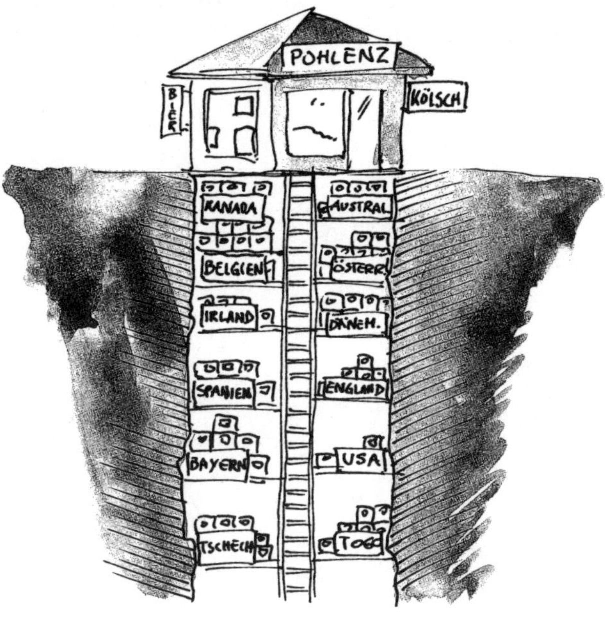

Einmaliges Dokument in der Bier-Geschichte

Endgültig und unwiderruflich waren sich 1986 alle 24 Kölner Bierbrauer einig, daß Kölsch auch nur in Köln gebraut werden darf. Um die Sorte niemals zu verfälschen, setzten sie dies in der »Kölsch-Konvention« vertraglich fest.

Nur für die besten Beißerchen

Während des Ersten Weltkrieges agierte Konrad Adenauer als Ernährungsdezernent in Köln und erkannte blitzschnell die fatale Versorgungslage der Stadt. Gemeinsam mit den Gebrüdern Jean und Josef Oebel von der Rheinischen Brotfabrik entwickelte er als einziger Politiker ein Brot, das gleich zwei Vorteile hatte. Es stillte den Hunger der kriegsgebeutelten Bevölkerung und war äußerst sparsam, denn das »Kölner Brot« aus Mais-, Gersten- und Reismehl, das heute wieder einige Bäckereien anbieten, durfte nur als mindestens 2 Tage abgelagerte Backware verkauft werden — so die Order des »Alten«.

Köln Bierstadt Nummer eins

Köln ist mit seinen 24 im Brauereiverband organisierten Brauereien Bierstadt Nummer eins in Deutschland. Am besten schmeckt das obergärige Kölsch direkt vom Faß in einer der deftigen »Kölschen Weetschaften«, die den Brauereien oft angeschlossen sind. Dazu zählen etwa das »Früh« am Dom oder das »Brauhaus Sion«. Im Brauhaus Sion, der ältesten und größten Kölner Braugaststätte, wird bereits seit dem 16. Jahrhundert gebraut.

Wenn Verwandtschaft oder Hyänen Ihre Kochkünste und Geduld auf die Probe stellen

Nur nicht hektisch werden. Einfach das Rezept für die größte Pizza der Welt nachbacken. Sie brauchen – und die gute Rheinländerin hat diese Zutaten immer im Haus – 100 kg Mehl, 30 kg Tomaten, 145 kg Käse und jeweils 10 kg Schinken und Salami. Für extrem sättigend und köstlich befunden: die »Fresser vom Hürth-Park« im Mai 1980.

Masse und Klasse

Kein Appetit war zu groß bei der Olympiade der Superlative, die 1980 in Hürth bei Köln ausgetragen wurde. Zu verspeisen galt es das mit 16 Metern längste Brot der Welt, die aus 225 Wurstdärmen bestehende, 4,5 Kilometer lange und 2100 Kilogramm schwere größte Bratwurst der Welt oder mit 48 Quadratmetern die größte Tafel Schokolade der Welt. Problematisch war es schon, das süße Ungeheuer bei der warmen Witterung in Form zu halten. Es mußte mit Trockeneis unterlegt und vom Gebläse dreier Staubsauger gekühlt werden. Und wer da nicht für ein Leben lang satt war, konnte sich vier Jahre später durch die größte Fisch- und Fleischfrikadelle der Welt beißen: 3 Meter im Durchmesser, gebraten selbstverständlich in der größten Pfanne der Welt! Und zum Nachtisch: Die 6 x 6 Meter größte Kirschtorte der Welt!

Fälschlichstes Federvieh

Die Kölner machen sich einen Spaß daraus, Zugereiste zu einem »Halven Hahn« einzuladen, den es in allen Kölschen Wirtschaften gibt. Vergeblich wartet man jedoch auf sein vermeintliches Geflügel, denn der Halve Hahn ist ein Roggenbrötchen mit mittelaltem Holländer Käse und scharfem Senf!

Vordienstliches Kühlen

Als sich das Kölner Amtsgericht noch am Appellhofplatz befand, erfreute sich die In-Kneipe »Laila« bei den Vertretern der Justiz größter Beliebtheit. Einem On-dit zufolge sollen während der Verhandlungspausen Urteile und Vergleiche bei manch einem Glas Kölsch ausgehandelt worden sein. Absoluter Rekordhalter der Disziplin »frühmorgendliches Kehlekühlen« nach dem Motto »Kölsch am Morgen, vertreibt alle Sorgen« wurde ein Richter, der täglich und jahrelang vor Dienstbeginn »sein« Kölsch bei »Laila« konsumierte.

II. FRAUEN

Populärste Fälschung

Eine Vielzahl von erfundenen Begebenheiten ranken sich um die Legende der Heiligen Ursula. Gewiß ist wohl nur, daß sie den Märtyrertod gestorben ist. Ob sie Tochter eines britischen Königs war, tatsächlich im 5. Jahrhundert gelebt hat, trotz ihres Jungfräulichkeitsschwures von ihrem Vater mit einem Christen verlobt worden ist und wegen ihrer Bitte um dreijährige Bedenkzeit wirklich nach Rom pilgern wollte, ist mehr als fragwürdig. Reine Phantasie hat jedenfalls besagter Ursula 11 000 jungfräuliche Gefährtinnen hinzugefügt, die ohne Ausnahme von Heiden bei Köln umgebracht worden sein sollen. Wenn überhaupt waren es höchstens zehn. Allen Ernstes hätte wohl niemand an 11 000 Jungfrauen geglaubt!

Top '91

Die erste deutsche »Frauenmesse« fand im Juli 1991 in Düsseldorf statt und stand unter dem Motto »Frauen machen Messe + Kongreß«. 24 000 Besucherinnen ließen sich dieses Ereignis, das bundesweit als »Riesenerfolg« bewertet wurde, nicht entgehen. Das starke Geschlecht traute sich allerdings nur mit spärlichen 4 Prozent, mit rund 1000 Mann, in die Arena der Frauen, und Parade-Machos oder heiratswütige Paradiesvögel auf der Suche nach einem kuscheligen Weiblein für den heimischen Herd wurden gar nicht gesichtet.

Die naivste Rheinländerin

»Mein Mann kann ruhig in Wintersport fahren, bei der Kälte passiert schon nichts«, tönte im Winter 1991 die weltfremde Brünette, die gerade ihre Silberne Hochzeit im Beisein ihrer zahlreichen Pänz gefeiert hatte. Sie behauptet: »Männer gehen doch nur im Sommer fremd.«
Nach so vielen Ehejahren wird sie's wissen.

Frauen an die Front

Zählt man die Studenten der Technischen Hochschule und der Fachhochschule zusammen, kann man sagen, daß fast jeder 6. Aachener ein Student ist. Die TH Aachen ist mit über 250 Instituten und Lehrstühlen und mit bis zu 40 000 Studenten die größte Technische Hochschule Europas. Jedoch nur etwa 25 % der Aachener Studierenden sind Frauen. Während bei den Medizinern das Verhältnis männlich / weiblich meist ausgewogen ist, sieht es bei Maschinenbauerinnen oder Elektrotechnikerinnen mit teilweise deutlich unter 10 % recht kläglich aus. Die philosophische Fakultät dagegen ist fest in weiblicher Hand.

Zum Aufessen

Die einzige Frau im Rheinland, die ihre Visitenkarten aus Lakritz verteilt, ist die 32jährige in Bonn arbeitende Produktdesignerin Petra Wrede.

Zeitschrift für ZweibeinerInnen

Die erste und größte feministische Frauenzeitschrift Europas, »EMMA«, startete im Oktober 1977 mit einer Auflage von 300 000 in Köln. Die Herausgeberin Alice Schwarzer galt lange Zeit als Deutschlands meistbeschimpfte Frau. Einer Statistik zufolge sind EMMA-Leserinnen besonders gescheit: 68,2 % haben Abitur oder den Hochschulabschluß gegenüber Leserinnen von ZEIT (54 %) oder COSMOPOLITAN (31 %). Die männliche Leserklientel beläuft sich auf ganze 2,5 %, was sich künftig ändern mag, denn EMMA hat die »Pforten geöffnet« und erscheint seit Januar 1993 als »Zeitschrift von Frauen für Menschen«.

Zart und Zackig

Im Jahr 1981 gründete Marianne Pitzen in Bonn den Verein »Frauen formen ihre Stadt« und damit das erste »Frauen Museum« (FM), das zu dem Zeitpunkt weltweit einzigartig war und heute anderen Städten als vorbildliches Modell für Initiativen dient. Die Institution »Im Krausfeld 10« in der Bonner Altstadt verfügt über einen immensen Fundus an Dokumenten und ist eine Fundgrube rund um das Thema Frauen, Kunst und Geschichte.

Klug und unwiderstehlich

Zum hundertfünfzigsten Mal ärgerte sich der jung-dynamische Manager einer Kölner Computerfirma über seine breithüftige, aber äußerst attraktive Putzfrau, die er hinter vorgehaltener Hand nur als »die lahmarschigste, schlechteste und blödeste Putze von ganz Köln« bezeichnete. Die sexy Dralle hatte längst Wind von der Maulerei des Yuppie bekommen und konterte clever bei der erstbesten Gelegenheit dem sprachlosen Macho in's Gesicht: »Hören Sie, wenn Sie der Staub auf Ihrem edlen Bildschirm nervt, drücken Sie doch einfach ›escape‹«.

Der Duft der großen Welt

Nach der Marktforschungsstudie »Typologie der Wünsche '92« kommt der beliebteste Duft aus Köln. 14,2 % der Damenwelt aus den neuen Bundesländern und 10,7 % der Frauen in den alten Bundesländern gehen nie ohne den Duft des »Kölnisch Wasser« vor die Tür, dessen Rezeptur Ferdinand Mühlens, Firmenchef in der 6. Generation, als einziger kennt. Für die von der BURDA GmbH und ARD-Werbung in Auftrag gegebene Studie, äußerten sich bundesweit 9446 Haushalte zu ihrem »Duftverhalten« und erzielten so mühelos den Rekord an »Repräsentativität«.

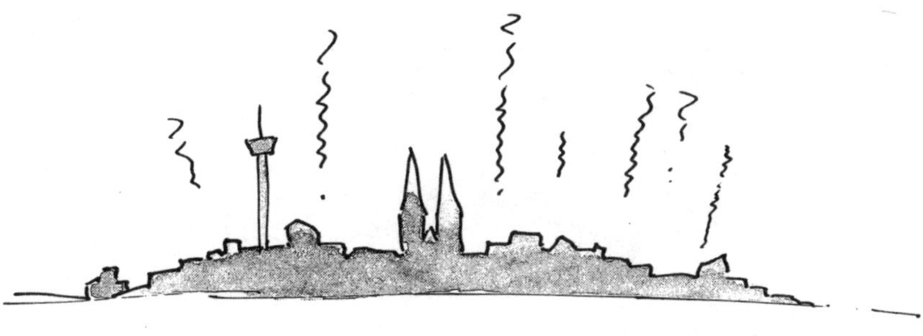

Größte Frechheit

Das heutige Köln, vormals Colonia Agrippinensis, kann sich zweifellos einer der miesesten Nachlässigkeiten rühmen, denn bis heute haben es die Stadtväter versäumt, eine markante Stelle, nach ihrer Gründerin Julia Agrippina zu benennen. Auf wenig elegante Weise hat man die skrupellose Kämpferin, die ihren Onkel vergiftete, um den Sohn auf den Herrscherthron zu katapultieren, auf das Abstellgleis manövriert und nur ein Stück des Rheinufers nach ihr benannt. Lebte die Dame heute noch, die übrigens durch Kaiser Neros Hand, den Vater ihres Sohnes, den Tod fand, wäre am Agrippina-Ufer gewiß der Bär los.

Einmal sagen, wo's lang geht

Der einzige Tag, an dem sich die rheinischen Frauen verbünden, um 11 Uhr 11 im Sturm Rathäuser erobern und Herrscherinnen über jeden und alles werden, ist der »Wieverfastelovend«, der Donnerstag vor Rosenmontag. Empfindsame Mannsbilder suchen allerdings aus Sicherheitsgründen das Weite, um ihre Krawatten zu retten, die rigoros der Schere zum Opfer fallen.

Staub der Jahrhunderte

Die älteste Stadt Deutschlands zu sein, behaupten von sich sowohl Bonn und Köln, aber auch Worms und Trier. Köln beruft sich dabei auf die Verleihung seiner Stadtrechte durch Kaiser Claudius im Jahre 50 n. Chr. Auf Wunsch seiner in Köln geborenen Gattin Agrippina erhielt die römische Siedlung ihren Namen: Colonia Claudia Ara Agrippinensium. Im Sprachgebrauch blieb es bis heute bei Colonia – Köln.

Die einzige Truck-Rennfahrerin

Die 38jährige Reinhilde Braun aus Simmerath ist mit 157 cm und 55 kg die zierlichste und einzige deutsche Rennfahrerin der Königsklasse mit 14,5 Liter Hubraum, 6 Tonnen und 1600 Turbo-PS. Seit September 1991 mischt sie im 1000 PS starken Mercedes-Benz 1744 S in der Männerdomäne der Truck-Rennen mit.

1993 nahm sie erstmalig am international ausgetragenen Europa-Truck-Cup teil trotz eines kleinen Handicaps. Für ihre Mini-Füße, Größe 35, gibt es im freien Handel keine Rennschuhe. Kein Problem für die nervenstarke Dame, sie stopft das Schuhwerk vor jedem Rennen mit Watte aus.

Weiber – Weiber – Weiber

Bei der ersten Volkszählung in Brühl im Jahr 1809 brachte man es auf insgesamt 1494 Einwohner und stellte folgende Liste auf: 254 Ehemänner, 424 Jünglinge und 33 Witwer gegenüber 256 Ehefrauen, 469 Jungfrauen und 58 Witwen. Die Bigamisten können leider nicht mehr ermittelt werden.

III. GESELLSCHAFT, POLITIK UND UND UND ...

Die langwierigste Reparatur

Der 256 Millionen Mark teure Neubau des Bundestages in Bonn erwies sich als einer der größten architektonischen Flops der früheren Bundeshauptstadt. Kaum war der Plenarsaal im Oktober 1992 in Betrieb genommen worden, brach die Lautsprecheranlage zusammen und benötigte eine mehrmonatige Wartungszeit.

Exotischster Einbruch ins Bonner Einheits-Grau

Gesundheitslatschen, Turnschuhe, Latzhosen, Jutetaschen und Strickzeug zogen am 20. März 1983 erstmals in den Bundestag. Durch die Grünen erhielt das Plenum ein neues Gesicht. Manch einer der Alteingesessenen verlangte neben der Geschäfts- auch die Einführung einer Kleiderordnung im Bundestag.

Hoch hinaus

Unter einem einzigen Dach befinden sich fast 1000 Appartements und Studios. Damit ist das Uni-Center in Köln Europas größtes Wohngebäude.

Wo Pelzmantel-Detlev seine Mieze ausführt

Zu den schönsten und beliebtesten Einkaufsstraßen der Welt zählt die berühmte Königsallee in Düsseldorf. Insider sagen kurz »Kö«, wenn sie von edlen Freßtempeln und vom teuersten Geschäftedorado sprechen. Mit der Eröffnung der »Kö-Galerie« 1986 wurde das Ausmaß an mondänem Luxus übertroffen. Der Architekt und Besitzer Walter Brunes investierte etliche Millionen Mark in den Schicki-Micki-Treff, der an langen Samstagen bis zu 100 000 Besucher anzieht.

KÖ... KÖ... KÖ... KÖNNTEN SIE BITTE VON MEINEM HUND RUNTERGEHN?

Kölns berühmteste Hausnummer

Als die Franzosen Köln besetzten, wurden alle Häuser der Stadt durchnumeriert. Das Haus der Familie Mühlens in der Glockengasse erhielt im Jahre 1794 die Nummer 4711. Wilhelm Mühlens gehörte einer der Betriebe, die das schon damals sehr geschätzte Kölnisch Wasser herstellten. Die Hausnummer der Firma wurde zum weltberühmten Warenzeichen. Kölnisch Wasser besteht aus Alkohol und ätherischen Ölen. Die genaue Mischung aber bleibt ein Geheimnis, das immer nur der Chef der Parfümfabrik 4711 kennt.

Größtes Rockspektakel

Am 9. November 1992 versammelten sich Kölns bekannteste Bands und etliche Kunstschaffende mit 100 000 Menschen auf dem Chlodwigplatz zum »Kölsch-Woodstock«. Das erste Riesen-Rock-Spektakel stand unter dem Motto »Arsch huh, Zäng ussenander!« und war ein einziger Aufruf gegen wachsenden Fremdenhaß, Antisemitismus und neofaschistische Tendenzen: es war die unmißverständliche Aufforderung, sich aus den bequemen Sesseln zu erheben, Position zu beziehen und den Mund aufzumachen.

Süßer die Glocken nie klingen

Eines der größten Glockenspiele der Welt erklingt mit einer Klangbreite von über 4 Oktaven seit 1978 von den Aachener Rathaustürmen. 49 Glocken, zwischen 12 und 375 Kilogramm schwer, tönen über der Kaiserstadt. Zu jeder Jahreszeit präsentiert das Glockenspiel ein passendes Lied, im Frühjahr beispielsweise erklingt »Im Märzen der Bauer« und »Winter ade« oder zum Karneval »Heidewitzka«.

Für'n flotten Vierer

Das kleinste Hotel Deutschlands befindet sich in Herdecke bei Hagen. Seit 1975 betreibt die Besitzerin Ines Berger das »Minihotel« mit insgesamt 4 Betten. Gemütlich und behaglich ging's im alten, antik eingerichteten Fachwerkhaus zu, bis im April 1993 ein Fiesling die Idylle massiv störte, indem er neben einem Fernseher drei alte französische Miniaturen mitgehen ließ und obendrein auch noch den Münzfernsprecher knackte.

Wechselnde Kurse

Als erste Börse in Deutschland wurde die Kölner Waren- und Produktenbörse 1553 gegründet. Als sich der Frankfurter Börsenplatz mit seinen großen Messen weiter entfaltete, verlor die Kölner Börse an Bedeutung und ihr Betrieb wurde eingestellt.

Schwindelerregender Koloß

Zum imposantesten gotischen Bauwerk Deutschlands wurde nach jahrhundertelanger Bauzeit der Kölner Dom, dessen Grundstein am 15. August 1248 gelegt wurde. Bald danach, exakt träge 632 Jahren später, war Goliath vollendet, am 15. Oktober 1880.

Seine markanten Wahrzeichen, die beiden 157 Meter hohen Türme, sind bei guter Fernsicht aus einer 'zigkilometerweiten Distanz zu sehen und machen unübersehbar klar, wer im »hillige Kölle« mitunter das Sagen hat.

Nicht nur für die Sportlichsten

Der meistbestiegene Berg Europas ist der nur lächerliche 321 Meter hohe Drachenfels im Siebengebirge südöstlich von Königswinter. Rund 1,5 Millionen Besucher pro Jahr lassen sich auf dieses nervenaufreibende Höhenerlebnis ein.

Es soll allerdings auch immer wieder Zeitgenossen geben, denen dieser Gipfelsturm zu strapaziös ist. Sie lassen sich von der 1883 erbauten und damit ersten Zahnradbahn Deutschlands hinaufkarren. Immerhin bewältigt sie eine Steigung bis zu 22 %.

Längste Amtszeit eines Bundeskanzler

1926 hätte er schon einmal Kanzler werden können. Konrad Adenauer lehnte ab! Und bereits 1929 war er schon einmal mit einer Stimme Mehrheit, und zwar der eigenen, in seinem Amt bestätigt worden, damals allerdings als Oberbürgermeister von Köln. Im September 1949 entschied wieder seine eigene Stimme eine Wahl für ihn. Diesmal wurde er jedoch im Alter von 74 zum ersten Bundeskanzler der Bundesrepublik

Deutschland gewählt. 14 Jahre lang leitete und prägte Adenauer diesen Staat wie kein anderer, bis er im Oktober 1963 87jährig zurücktrat.

Wo Ratsmitglieder alles überblicken

Das höchste Rathaus Deutschlands, das 1979 bezugsfertig wurde, imponiert durch eine Höhe von 106,31 Meter. Mißt man die Spitze des Sendemastes, der auf dem 23. Obergeschoß installiert ist, kommen noch stolze 3,40 Meter hinzu. Mit rund 340 000 Kubikmeter umbauten Raum ist das Essener Rathaus zudem vom Volumen her Deutschlands größtes — die massige Potenz der in diesen heiligen Hallen arbeitenden politischen Macher ist übrigens in dieser Berechnung noch nicht enthalten.

Tückische Winde

Der Rursee ist Deutschlands größter Stausee und wird von der Rur, der ohne »h«, die im Hochmoor »Hohes Venn« entspringt, gespeist. Der See gilt wegen seiner Fallwinde als das schwierigste Surfrevier des Rheinlandes. Üblicherweise sind es die Einheimischen, die nach waghalsigen Regatten auf dem immer fies kalten Naß die Pokale davontragen.

Sie alle lieben NRW

In Nordrhein-Westfalen kommen auf einen Quadratkilometer rund 500 Einwohner, das ergibt für 1992 insgesamt ca. 17,104 Millionen im einwohnerstärksten Bundesland der Bundesrepublik Deutschland.

Verfrühte Frühlingsgefühle

Die höchste Temperatur in einer Nacht zum 15. Januar seit 92 Jahren wurde in Aachen 1993 gemessen: 15,4°. Komplettiert wurde das seltene Naturereignis durch den schwersten Orkan seit Meteorologengedenken. Mit rasanten Geschwindigkeiten fegte der Sturm mit über 170 Sachen durchs Land.

Nur die Geschliffensten

Die Stadt Solingen verleiht an Persönlichkeiten, die sich mit fairem Engagement für die Interessen der Öffentlichkeit eingesetzt haben »Die Schärfste Klinge«. Nach dem österreichischen Bundeskanzler Bruno Kreisky, dem senegalesischen Staatspräsidenten Leopold Senghor und Richard von Weizsäcker wurde der frühere Außenminister der Republik Ungarn, Gyula Horn, 1991 mit dem Ehrenpreis ausgezeichnet. Sein entschiedenes und beispielloses Handeln für ein Europa der freien Grenzen wurde am Vorabend zum Jahrestag der Deutschen Einheit, am 2. Oktober 1991, gewürdigt.

Das engste Haus am Rhein

Am 29. Oktober 1992 tagte das Bonner Parlament zum letzten Mal im prominentesten Provisorium Deutschlands, im legendären, engen Wasserwerk, wo sechs Jahre zuvor, am 9. September 1986, zum ersten Mal die Abgeordneten zusammengerückt waren. 2500 Sitzungsstunden fanden im »Politik-Biotop« statt. Die historischste Sitzung erlebten die »Wasserwerkler« freilich am 9. November 1989, am Tag der Öffnung der Berliner Mauer. Das ausgebaute Pumpenhaus, wo manch einer auf Tauchstation ging, wurde zur Stätte des ersten demokratisch gewählten gesamtdeutschen Parlamentes.

Bekanntester Oberbürgermeister

1917 wurde Konrad Adenauer 41jährig Oberbürgermeister von Köln. Damals galt er als der mächtigste Kommunalpolitiker Deutschlands, bis er im März 1933 von den Nazis aus dem Amt gejagt wurde. Die nannten ihn den »Oberprotz von Köln«, denn Adenauer hatte – sehr zum Nutzen der Stadt – immer neue Projekt angepackt: Er brachte die Neugründung der Kölner Universität in Gang, arrangierte, daß aus dem ehemaligen Festungsring der Innere und Äußere Grüngürtel wurde, leierte die Erweiterung des Kölner Rheinhafens und die Niederlassung wichtiger Industrieansiedlungen (z.B. der Ford-Werke) an, ließ die Kölner Messe entstehen.

Genialster OB

Dieser Konrad Adenauer wollte immer wieder das Leben im Rheinland und damit letztlich in Deutschland und im Rest der Welt erleichtern, sprich verbessern. An den skurrilsten Einfällen mangelte es dem »Alten« nie. Ihm verdankt die Nachwelt das lebensnotwendige »innen beleuchtete Stopfei« und die mit stromgespeisten Drähten versehene Spezialbürste, die, wenn sie an einen stinknormalen Gartenschlauch angeschlossen wird, Pflanzenschädlinge in die Flucht schlägt. Natürlich entdeckte der sensible Rheinländer auch eine wirksame Abhilfe gegen ärgerliche Zugluft, die bei Autofahrten mit geöffneten Fenstern entsteht. Eines aber haben diese Erfindungen jedoch gemeinsam: Das Reichspatentamt hat sie alle abgelehnt.

Dann pißt mal schön!

Zur Blütezeit der Tuchindustrie gab es im 18. Jahrhundert im Monschauer Land Männer, die mit Pferdekarren den Inhalt der Nachttöpfe einsammelten. Der Tuchfabrikant, der am schnellsten den meisten Urin sammelte, machte den größten Profit, denn bevor man Wolle für edle Stoffe färben konnte, mußte man ihr den hohen Fettgehalt entziehen. Seife mußte her, und die war damals schon teuer.

Clever wie die Rheinländer nun einmal sind, wußten sie, daß menschlicher Urin, wenn er acht Tage unter Sauerstoff steht, verfault und Amoniak bildet, also alkalisches Salz, das mit Speisefett kombiniert nichts anderes ist als Seife.

IV. HIGHLIGHTS

Optische Wettervorhersage

Auf dem Dach der Aachener Stadtverwaltung wurde 1958 eine in Deutschland einzigartige Anlage zur Wettervorhersage errichtet. Mit verschiedenfarbigen Leuchtröhren zeigt die weithin sichtbare Säule die Wetterentwicklung an. Das Stahlgerüst besteht aus einem weiß leuchtenden Mast mit einer Kugel. Bleibt die Farbe des Mastes beispielsweise konstant, ändert sich auch das Wetter nicht. Steigt das Weiß von unten nach oben, steigt auch die Temperatur. Blinkt die Kugel blau, ist das Wetter gut, aber veränderlich. So müssen die Aachener — wie auch die anderen Bundesbürger — nur aus dem Fenster schauen, um zu wissen, wie das Wetter wird.

Düsender Freund mit Überschallgeschwindigkeit

Der mit Sicherheit schnellste Hochzeitsgast aller Zeiten war Mitte der siebziger Jahre ein Pilot der Bundeswehr, der von München per Starfighter nach Köln jagte, um seiner Freundin, dem Playgirl des Jahres 1977, zu ihrer Hochzeit mit einem Kölner Versicherungsangestellten zu gratulieren.

Der fliehende Pilot

Nachdem er eine Überlandleitung erwischt, einen Waldbrand verursacht hatte, und der Hubschrauber noch etliche Meter durch die Luft gewirbelt war, hatte der Pilot seine Maschine wieder unter Kontrolle, landete einigermaßen sicher und

beging ruckzuck »Flieger-Flucht«, verdrückte sich vom Unfallort auf Nimmerwiedersehen. Die Polizei konnte lediglich vermuten, daß es sich um einen belgischen Militärhubschrauber handelte, und feststellen, daß es für solch ein spektakuläres Vergehen bisher noch keinen Paragraphen im Gesetzbuch gibt.

Der Alleskönner

Der erfolgreichste Medizinmann seiner Zeit soll der Kölner Erzbischof Anno II. gewesen sein, der sich selbst allerdings nicht retten konnte und 1075 verstarb. Lahme und Blinde, Taube und 24 (!) Verstorbene, Ertrunkene, Besessene, Fallsüchtige und ganz normale Kranke soll der wundersamste rheinische Heiler kuriert bzw. wieder zum Leben erweckt und seine magische Kraft an »54 verschiedenen Leiden« erfolgreich getestet haben.

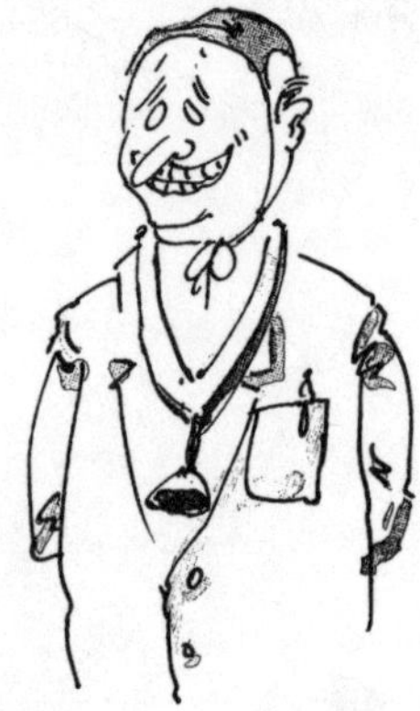

Schnell bis aufs Messer

Anfang der siebziger Jahre wurde in einem rheinischen Kreiskrankenhaus ganz zufällig der schnellste Chirurg entdeckt. Nicht während der sekundenschnellen Entfernung eines Blinddarms oder der minutenfixen Operation am offenen Herzen, sondern ganz unspektakulär bei der Visite, als die Oberschwester voller Wucht die Decke eines Patientenbettes zurückschlug. Das Plumeau flog dem Chirurgen an den Kopf und fegte sein Toupet durch's Zimmer. Wie der Blitz schoß der eitle Arzt seinen Haaren hinterher, raste auf den Flur, und seither nennen ihn seine feixenden Kollegen den »Toupet-Flitzer«.

Ausgezeichnetes Monument

Der Aachener Dom gehört zu den vier deutschen Bauwerken auf der Unesco-Liste bedeutender Weltkunstwerke. Kernstück des Gotteshauses ist der von Karl dem Großen um 800 als Pfalzkapelle errichtete Kuppelbau, das Oktogon. Zwischen 936 und 1531 wurden im Aachener Dom die deutschen Könige gekrönt.

Der Honorarjäger

Der Hauptdarsteller konnte sich weder äußern noch Geld hinblättern, denn er war bei einem Autounfall ums Leben gekommen und das unmittelbar nach einer langwierigen, komplikationsreichen und kostenaufwendigen Kieferbehandlung.

Wenige Tage nach der Beerdigung flatterte die Rechnung über rund 7000 Mark der trauernden Witwe ins Haus. Diese jedoch weigerte sich auch nach etlichen Mahnungen, die Forderungen des Dentisten zu begleichen und präsentierte vor Gericht als Beweis für mangelhafte Zahnklempnerarbeit die lose Hälfte des Gebisses, das bei dem Unfall auf die Straße geschleudert war, und die Polizei ihr überbracht hatte.

Um an sein Honorar zu kommen, ließ der Zahnarzt den Toten jedoch ausgraben, um vor Gericht zu beweisen, daß er den anderen Teil der Prothese fachgerecht im Kiefer des Toten installiert hatte.

Auf goldenem Boden

Im gesamten Kreis Köln sind rund 65 000 Mitarbeiter aus etwa 6500 Meisterbetrieben der Kölner Kreishandwerkerschaft angeschlossen. 1884 gegründet, ist sie die älteste und größte Deutschlands.

Kältester Winter

Am 13. Januar 1987 war es in Köln eisig kalt. Die Temperaturen sanken nachts auf minus 17,2 Grad, so daß im Dom sogar das Wasser in den Weihwasserbecken gefror.

Teuerste Neugier

100 000 Mark Schaden sind die Bilanz einer doch recht teuren Spielerei: Anfang März 1993 fiel vier Kindern in Düsseldorf nämlich nichts besseres ein, als mit einem Steinhaufen eine Straßenbahn entgleisen zu lassen. Glücklicherweise gab es nur leicht Verletzte.

Vertigo

Wer einmal die Chance hat, per Bauaufzug ins Hochschiff des Kölner Domes zu gelangen, ist per se Rekordhalter in Sachen »absolut selten«. Vor einigen Jahren durfte eine Gruppe auserwählter »Inspizienten« in einem Drahtgestell hinauf auf rund 68 Meter Höhe schweben und über ein schmales Brett auf ein Gerüst balancieren, was für einen der »Voyeure« zum Alptraum wurde. Voller Angst »schwitzte« er sozusagen »Blut« und war bereit, in schwindelerregender Höhe zu sterben. Es war das erste Mal in der Geschichte des Kölner Domes, daß die Wirkung von »Engelszungen« bezeugt werden konnte, denn nur diese hatten den Paniker nach Stunden zum mutigen Schritt in den Käfig abwärts bewegen können.

Des Rheinlands prominentester »sea canary«

Einer der stimmfreudigsten aller Wale, eine Beluga, verhalf mit einer vierwöchigen Stippvisite durch den Rhein am 18. Mai 1966 dem Duisburger Zoo zu weltweiter Publizität. Mit ungehemmter Entdecker-Neugier landete »Moby Dick«, ein Weißwal, im Duisburger Rheinhafen und erreichte schließlich durch den gewaltlosen Einsatz des Zoodirektors Dr. Wolfgang Gewalt unversehrt nach einem 1000 Kilometer-Süßwasser-Trip am 18. Juni 1966 um 18.45 Uhr bei Hoek van Holland die freie See. Die internationale Presse wie »Times«, »Prawda« oder die »New York Herald Tribune« berichteten fasziniert über Mobys Tanz auf dem Rhein.

V. HISTORIE

Der größte Irrtum bei einem geographischen Namen

Das Siebengebirge hat nicht etwa sieben Berge, sondern über 40! »Sieben« kommt irrtümlich von dem Wort »Siefen«, was tiefe wasserführende Täler bedeutet. Aber sieben höchste Berge gibt es schon. Der Sage nach fing vor rund 20 000 Jahren der Rodderberg über Rolandseck an, Feuer zu spucken und

das Rheintal mit Lava zuzuschütten. Der Rhein staute sich zum See und drohte, Honnef zu verschlingen. Sieben Riesen kamen den Bewohnern zu Hilfe und schaufelten die Lava fort. Nach getaner Arbeit klopften sie ihre sieben Riesenspaten ab, und es entstanden die größten sieben Berge des Siebengebirges und der heutige Rheingraben.

Größter Luftangriff der Kriegsgeschichte

Am 31. Mai 1942 starteten 1000 englische Bomber die massivste Attacke auf Köln. Alle fünf Rheinbrücken samt Stadtkern wurden damals zerstört. 30 Millionen Kubikmeter Trümmerschutt bedeckten die rheinische Stadt, die durch den Zweiten Weltkrieg die am stärksten zerstörte Großstadt des Reiches wurde. Bei 262 Fliegerangriffen mit 1,5 Millionen Minen, Spreng- und Brandbomben verzeichnete man in Köln 20 000 Luftkriegstote.

Der schnellste Besuch

Am 17. September 1804 stattete der Kaiser der Franzosen Napoléon Bonaparte der Stadt Brühl einen Besuch ab. Nachdem er um 7 Uhr morgens von der Brühler Prominenz empfangen worden war, besichtigte er im Laufschritt das Barockschloß, wurde anschließend nach Schloß Falkenlust eskortiert und wandte sich Punkt 9 Uhr in Bonn der Weltpolitik zu!
Seine genaue Fahrzeit von Brühl nach Bonn läßt sich heute bedauerlicherweise nicht mehr feststellen, wer galoppiert heutzutage noch per Kutsche?

Absolut furchtlos

Im Jahr 1257 wurde in Aachen die zweite Wehrmauer, der äußere Ring mit elf Stadttoren und 22 Türmen vor den inneren Mauerring gebaut. Die imposanteste Stadtbefestigung Westeuropas, so sagt man, hatte eine Gesamtlänge von 5400 Metern, die Mauern waren zwischen acht und zehn Meter hoch. Einiges ist heute noch erhalten, wie das imposante Marschiertor oder das Ponttor, mit den zweitürmigen Vortoren, den Barbakanen, und dient Studenten und Liebespaaren als Treffpunkt.

ALL IN ALL, IT'S JUST ANOTHER BRICK IN THE WALL !!!

Das ganz besondere Wahrzeichen

Im Jahr 1868 wurde der 25 Meter hohe, »ständig knarrende« Holzkran auf dem Südturm des Kölner Doms demontiert. Vorbei war's mit dem Supersound, vorbei mit dem »Langen«, der 500 Jahre lang das Stadtbild beherrscht hatte.

Wettstreit der Brückenbauer

Gegen die Frankeneinfälle baute Kaiser Konstantin im Jahre 310 das Kastell Deutz und dorthin die erste feste Brücke über den Rhein. In Köln überspannen heute ganze acht Brücken den Fluß. Einen imponierenden Eindruck vor der Kulisse der Domstadt ergeben die unterschiedlichsten Konstruktionen. Eine Art zweites Stadtsymbol ist nach dem Dom mittlerweile die Mülheimer Brücke, die längste Kabelhängebrücke Europas.

Massenhaft Volk

Um die Jahrtausendwende war Köln die reichste und mit 25 000 Einwohnern auch die größte Stadt Deutschlands. Im Jahr 1052 kam sogar die Erlaubnis aus Rom, sich »Sancta Colonia«, Heiliges Köln, zu nennen, oder wie die Kölner sagen »hilliges Köln«. Begünstigt war es durch seine Lage am Strom und vor allem durch das sogenannte Stapelrecht. Hier wurden alle Waren von Flußschiffen auf seegängige Frachter umgeladen und diese Fracht mußte drei Tage lang in Köln zum Kauf angeboten werden. Dieses Privileg sorgte über Jahrhunderte hinweg für einen blühenden Handel, der Köln auch zu einer der reichsten Städte im Mittelalter machte.

Kurzlebigste Millionenstadt

1975 war Köln für ganze 18 Monate lang Millionenstadt. Dank der Eingliederung von Wesseling, wegen der vom Landtag beschlossenen kommunalen Gebietsreform, hatte Köln zu diesem Zeitpunkt rund 1 022 000 Einwohner! Doch nicht für alle war die Zugehörigkeit zu Köln erstrebenswert, und daher bekamen die Wesselinger am 1. Juli 1976 ihre Selbständigkeit zurück. Köln verlor damit nicht nur den neuen Stadtteil, sondern zugleich auch seinen Status als Millionenstadt: Es hatte nur noch 995 005 Einwohner. Trotzdem ist Köln heute bevölkerungsmäßig die viertgrößte und flächenmäßig die drittgrößte Stadt der Bundesrepublik.

Älteste Fußgängerzone

Und wenn der Begriff »Fußgängerzone« auch modern ist: Die Hohe Straße als Flaniermeile von Köln ist schon uralt. Sie wurde schon im 1. Jahrhundert n. Chr. von den Römern als zentraler Verbindungsweg zwischen dem südlichen und dem nördlichen Stadttor angelegt. Im Laufe der Zeiten hat sie zwar etliche Male ihr Outfit gewechselt, Verlauf und Ausmaß aber sind unverändert.

Langzeit-Torso

282 Jahre lang nutzten pietätlose, pragmatische Kölner das geplante »Domprojekt« als voluminöseste Abstellkammer des Abendlandes, als Getreidespeicher oder Gefangenenlager. Ein Gebahren, das selbst Goethe 1815 zu einem 3-Tage-Trip nach Köln bewog, um das »leider nur beabsichtigte Weltwunder« vor Ort zu inspizieren. Nach intensivster Observation reichte er »Verbesserungsvorschläge« beim preußischen Innenminister ein, der kurzerhand den deutschen Baumeister Karl Friedrich Schinkel 1816 beauftragte, die Ruine zu überprüfen. Sieben Jahre später floß wieder Geld aus der Staatskasse, um die größte Bauruine in einen Dom zu verwandeln.

Billigste Raumpfleger

Während man heutzutage im Rheinland entweder alles selbst machen oder aber ein Vermögen für ein pieksauberes Ambiente berappen muß, waren im Mittelalter kostenlose Helfer im Haus gang und gäbe. In einem absoluten Geschwindigkeitsrekord schossen kleine Männchen durch Zimmer und Säle, über Flure und Treppen, durch Kellergewölbe und Speicher, ohne nach einer müden Mark zu verlangen. Die Heinzelmännchen schrubbten, was der Besen hielt, und

»sie kamen bei Nacht,
eh' man's gedacht, . . .
und eh' ein Faulpelz noch erwacht,
war all sein Tagewerk bereits gemacht«

Aber was verbindet die Heinzelmännchen von Köln mit der Blauen Grotte von Capri? Ihr geistiger Vater, Alfred Kopisch, war gleichzeitig kühner Entdecker der Grotte, die er 1826 zusammen mit Ernst Fries aufstöberte.

VI. KARNEVAL

Kondome statt Bützche

Die aufsässigsten Untertanen machten dem Dürener Karnevalsprinz Peter IV. die Session 1993 so richtig madig und wollten ihn wegen seiner Einladung zur Unzucht stürzen. Anstatt Strüßche und Kamelle ins gemeine Volk zu schleudern, hatte das Prinzenpaar auf einer Prunksitzung der Birkesdorfer »Grieläächer« erstmalig Kondompäckchen ins Publikum geworfen.

Kein Tag wie jeder andere

Das verrückteste Datum im Rheinland ist der 11. November, wenn um 11 Uhr 11 der Bär tobt, Marie auf allen Tischen tanzt, und für die Jecken die schönste Zeit des Jahres beginnt.

Der närrischste Anfang

Am 10. Februar 1823 glänzte der erste, von einem Festkomitee organisierte Rosenmontagszug durch die Straßen Kölns.

Kein Abend wie jeder andere

Für die rheinischen Jecken gibt es weder die Fastnacht, den Fasching noch den Karneval, sondern schlichtweg den längsten, närrischsten Abend der Republik und der dauert —

nimmt man es genau — vom 11. November bis Veilchendienstag 23 Uhr 59 Minuten und 59 Sekunden und heißt »Fasteloovend«. Bedauerlicherweise hat sich bislang noch kein Rekordhalter gefunden, der den »ganzen Abend« durchgestanden hat.

Witzbold

Ehe man sich versieht, kann man als sportlichster, ausdauerndster Prinz in die karnevalistischen Annalen eingehen. Wenn nur wenige Tage vor dem großen Auftritt, ein Spaßvogel den Prinzenwagen mitgehen läßt. 1993 war es das erste Mal, daß eine Aachener Tollität in der »heißen Phase« ohne fahrbaren Untersatz dasaß, und was so ein richtiger Jeck ist — wie Hubert II. — er nahm's gelassen.

Warte, bis es dunkel wird

Man erzählt die Geschichte, daß im Jahr 1991 die Jeckesten aller Jecken den Ausfall ihres »Zochs« wegen des Golf-Krieges nicht verkraften konnten und so einen »Geisterzug« ins Leben gerufen haben, der seither jedes Jahr in stockfinsterer Nacht von Karnevalsamstag zum Sonntag durch Kölns Straße geistert.

»Kamelle!!«

Neben »Alaaf« der Kölner liebster Schlachtruf, wenn »der Zoch küt!« Beim Rosenmontagszug 1993 konnten sie mit diesem Ruf circa 40 Tonnen Süßigkeiten, über 100 000 Schokoladentafeln und über 100 000 Pralinenpackungen ergattern. Ebenfalls gratis und sogar ganzjährig werden in der Kölner Philharmonie Kamellen verteilt. Mit Kräuterbonbons versucht man nämlich den Hustenpegel während der Konzerte zu senken. Mehr als 1000 Kilo wurden dort schon gelutscht.

Weitgereiste Eitelkeit

Das Brauweiler Dreigestirn von 1987 ist das einzige »jecke Trio«, das zu internationalen Kontakten und Ruhm kam. Ein Freund schoß vor der Kulisse des Kölner Domes ein Foto der Kostümierten auf der 14. Etage des Ford Hochhauses. Über dunkle, wirre Kanäle gelangte das Wahnsinnsfoto zu einer Zeitung in Rio de Janeiro, die es in der Annahme, es sei »das« Dreigestirn des Kölner Fasteloovend schlechthin, tatsächlich druckte.

Machen Sie sich nicht unbeliebt

Eine der besten Gelegenheiten, während des Fasteloovend das Kölsch aus der Schnabeltasse zu trinken, bietet sich für all diejenigen, die laut und vernehmlich »Helau« jubeln. Das ist das einzige, was man an den jecken Tagen in Köln gar nicht gern hört. Der Schlachtruf der Domstädter heißt »Alaaf« und geht auf einen mittelalterlichen Trinkspruch zurück, und weil die Rittersleut das ganze Jahr gern soffen, war »all-ab« (all-av) immer »in«.

HEL...
...aaf!

VII. KIRCHE, KLERUS, KLÜNGEL

Die wuchtigste Kirchenglocke der Welt

Im Jahr 1923 wurde die schwerste, schwingende Glocke mit Namen »St. Peter« gegossen. Sie hat einen Durchmesser von 3,22 Meter, ist 4,5 Meter hoch, wiegt 24 Tonnen und ertönt im Kölner Dom.

Weltlichster Kardinal

Auch Kardinal Frings erkannte, was in Köln Leib und Seele zusammenhält. Bei einer Messe, die er für die Kölner Bierbrauer gehalten hat, soll er der Festversammlung folgende Frage gestellt haben: »Kennen Sie eigentlich den Unterschied zwischen der Severinsbrück un 'nem guten Glas Kölsch?« Natürlich wußte niemand Bescheid. »Dann will ich et Ihnen sagen: Üvver de Severinsbrück jeht alles, üvver en Jlas Kölsch jeht nix!«

Erstaunlichste Domfiguren

Weitab von dem, was man mit dem bloßen Auge erkennen kann, hat am Kölner Dom so mancher phantasievolle, freizügig agierende Steinmetz verwunderlich weltliche Szenen eingemeißelt. An einem Kirchenhaus würde man wohl kaum fußballspielende Kinder, Porträts von Ehefrauen oder Karikaturen von Politikern unserer Zeit vermuten. So bewundern die Vögel in luftigen Höhen beispielsweise eingemeißelt Nikita Chruschtschow mit seinem Schuh in der Hand, den er während einer UN-Versammlung ausgezogen hatte, um damit wutentbrannt auf den Tisch zu hauen.

Es ist nicht alles Gold, was glänzt

Im Hochsommer 1966 schnappte sich einer der naivsten Diebe Kölns im Dom die vergoldete Messingkrone des Jesuskindes. Der medieninteressierte Gauner erfuhr zwei Tage später aus der Zeitung vom enormen ideellen Wert der Krone, aber zugleich auch vom nicht vorhandenen Materialwert. So konnte er dem spontanen Anfall höchster »Reue« nicht widerstehen, wickelte die Krone in Papier, trug sie zurück zum Dom und deponierte sie auf einer Kirchenbank. Als er sich stiekum davonmachen wollte, raste ihm ein übermäßig aufmerksamer Tourist nach dem Motto »jeden Tag eine gute Tat« hinterher und gab dem Ganoven das »vergessene« Päckchen, das Jesuskind ohne Wert, zurück.

Der tragischste Kreuzzug

Um die Wahrheit Christi unter den Sarazenen zu verbreiten, schlossen sich im Jahre 1212 nahezu 10 000 Kinder aus dem Rheinland einem Kölner Jungen namens Nikolaus zum Kinderkreuzzug ins Heilige Land an. Für den war klar, daß sie das Meer wie einst Moses trockenen Fußes durchqueren würden. Nur noch ein Drittel der Kinder kam über die Alpen in Genua an, aber auch dort war das Geschrei groß, denn das Meer teilte sich keineswegs. Viele der Kinder wurden ausgeplündert, versklavt oder an Bordelle verkauft. Nur einige hundert kehrten wieder heim. In Köln wurde 1214 der Vater des Nikolaus von den verzweifelten Eltern gehängt, weil die ihm vorwarfen, seinen Sohn aus Gier nach Ruhm unterstützt zu haben. Einer mußte ja schuld sein!

Größter Wallfahrtsort des Mittelalters

Seit der Kölner Erzbischof Reinald von Dassel im Jahr 1164 die Überreste der »Magier aus dem Morgenland« als Kriegsbeute von Mailand in die rheinische Metropole gebracht hatte, konnte sich Köln vor Pilgern nicht mehr retten.

Sie alle wollten die Reliquien sehen, die erst im christlichen Mittelalter als »Heilige Drei Könige« bezeichnet wurden. Nach der Krönung der Herrscher in Aachen zogen auch diese – quasi im »ersten Amtsakt« zum Grab der Reliquien.

Albert der Große

Albertus Magnus war einer der ersten deutschen Gelehrten, die naturwissenschaftliche Versuche machten. Er gilt als der bedeutendste Naturwissenschaftler des Mittelalters. 1248 kam der Dominikaner von der Universität Paris nach Köln. Er sollte für den Nachwuchs seines Ordens ein Studium generale aufbauen. Es kamen Schüler aus ganz Europa, darunter auch

Thomas von Aquin, der später der berühmteste Theologe und Philosoph des Mittelalters wurde. Einige Male betätigte sich Albertus Magnus auch als Schiedsrichter bei Auseinandersetzungen zwischen dem Kölner Erzbischof und den Kölner Bürgern. Er machte sich stark für die Belange der Bürger. Am 15.11.1280 starb er in Köln, 1931 wurde Albertus Magnus heilig gesprochen.

Populärster Kölner Erzbischof

Er wußte einfach, wie's geht. Einmal eine Wahnsinnsrede hinlegen, und schon nennen sie dich »et Jüppsche«, machen dich sprachlich unsterblich. Gemeint ist Kardinal Josef Frings, der im extrem kalten Winter 1949 in seiner Silvesterpredigt das Kohlen- und Kartoffelklauen von den vorbeifahrenden Zügen, die »Klütten« (Briketts) und »Ädappel« (Kartoffeln) transportierten, als erlaubten Mundraub verteidigte. Der Einzelne könne, um sein Leben und seine Gesundheit zu erhalten, »das nehmen, was er dazu nötig hat, wer aber mehr nimmt, als das Notwendige, versündigt sich gegen das siebte Gebot«, sagte der von 1942 bis 1969 in Köln amtierende Erzbischof. Die Gläubigen nahmen ihn beim Wort, machten sich ans »Fringsen«, um Leib und Seele zu retten. Allerdings ignoriert bis zum heutigen Tag jedoch manch ein Schelm schlichtweg den zweiten Teil von Jupps lebenserhaltenden Aufruf.

Des Pudels Kern?

Der Düsseldorfer Künstler Gereon Inger ist ein Könner in Sachen Miniaturen und präsentiert seit 1988 eine witzige Replik auf den »Ölbilder-Größenwahn« seiner wilden Kollegen. Leidenschaftlich verfolgt er sein großes, kleines multilinguales Projekt, nämlich in allen Sprachen der Welt, sowohl in der ältesten als auch in der modernsten Variante, das »Vaterunser« auf Kirschkerne zu schreiben. Rund 100 Kerne hat er bislang in 33 Sprachen und 44 Versionen beschriftet.

Alle europäischen Sprachen sind erledigt, »Esperanto-Kerne« gehören genauso zum Repertoire wie Kerne in Koreanisch oder Chinesisch. Und wer dem Künstler eine neue Sprache liefert, bekommt die winzige Erinnerung an's tägliche Gebet, einen Kern, gratis.

Ohne Nerven

Vielleicht stand er schon mit einem Fuß in der besagten Kiste oder er wurde auf seine alten Tage tatsächlich noch gläubig, der hinterlistige Steuerbetrüger, den das Lukas-Evangelium auf den Pfad der Tugend zurückführte. In dem mit 6000 Mark prall gefüllten Brief, dem »reumütigsten« Schreiben, das die Düsseldorfer Finanzdirektion jemals erhalten hat, schrieb der Wicht im Jahr 1992 anonym, er sei Christ geworden und habe beim Lesen in der Bibel den Satz gefunden »Gib dem Kaiser, was des Kaisers ist, und Gott, was Gottes ist«.

Ein Halleluja per Mattscheibe

Das bislang größte Missionsspektakel »Pro Christ '93« ereignete sich fünf Tage lang im März 1993 in der Essener Grugahalle, wo der 74jährige amerikanische Heilsprediger Billy Graham die 10 000 Besucher aufrief, ihre Arbeit und Gebete für den Frieden zu verstärken. Die wahrscheinlich größte evangelistische Veranstaltung der Kirchengeschichte, die weltweit via Satellit zeitversetzt ausgestrahlt wurde.

KOMMEN WIR NUN ZUM ABENDMAHL ...

VIII. KULTUR

Zur Freude der Mädchen

Den ungewöhnlichsten Ort für eine Kunstausstellung wählte der rheinische Künstler Win Braun im Frühjahr 1991. Er zeigte 18 Werke zum Thema »Kunst und Puff« in einem Etablissement des Aachener Rotlichtmilieus. Die extravangante Arbeit lockte innerhalb einer Woche nicht nur 2000 Besucher in die Räumlichkeiten, in denen das älteste Gewerbe der Welt betrieben wird, sondern zahlreiche Kamerateams renommierter Sender, die sich in der Antoniusstraße Nr. 22 die Klinke in die Hand gaben, und auch einen Museumsdirektor, den dieser sinnenfreudige Besuch beinah seinen renommierten Posten gekostet hätte.

Schicht für Schicht

Eines der aufregendsten Kulturprojekte erlebte Monschau im September 1971, als der amerikanische Verpackungskünstler bulgarischer Abstammung Christo (eigentlich Christo Javacheff) die nackte Burg und die Rur verpackte, kurz Monschaus Prunkbauten unsichtbar machte.

Dieses einmalige Kunstprojekt verursachte regelrechte Anti-Kunst-Aggressionen und Unmut bei einigen Politikern, vor allem bei dem um eine Finanzspritze gebetenen Regierungspräsidenten. Ein wahrer Sturm an Schimpfwortkanonaden von seiten einiger Bürger, die heute stolz wie nie über Christos Spuren in ihrer Stadt sind, prasselte auf das verhüllt-verhängte Eifelstädtchen.

DA IST SIE WIEDER, WIE IMMER NACH DEM

Unheilvollstes der Weltliteratur

1487 erschien der »Hexenhammer«, der Leitfaden zur Hexenverfolgung. Zu seiner Zeit öfter gedruckt als die Bibel, brachte die Prozeßordnung bis zum 18. Jahrhundert über eine Million unschuldige Frauen auf den Scheiterhaufen. Die beiden Autoren waren die beiden Dominikanermönche Institoris und Sprenger; letzterer war Professor an der Kölner Universität, von wo aus der Hexenhammer verbreitet wurde.

Die Landeshauptstadt hat viele Seiten

Die längste Buchtheke der Welt findet seit 1985 auf der Düsseldorfer »Kö« als »Bücherbummel« statt und ist »das« literarische Ereignis in Heinrich Heines Geburtsstadt. Mehr als hundert Antiquariate, Buchhandlungen, Verlage und Institute werben an vier Tagen auf etwa 800 Metern für Buch und Leser. An die 500 000 Interessierte flanieren von Stand zu Stand, lassen sich die »Nacht der Poeten« nicht entgehen.

Die unrühmlichste Entlassung

Durch ein Auswahlverfahren wurde rund 125 Studenten im Wintersemester 1972 das Studium an der Staatlichen Kunstakademie in Düsseldorf verweigert. Knapp die Hälfte der abgewiesenen Studenten tauchte dennoch am ersten Semestertag auf und fand riesige Unterstützung durch ihren damals noch nicht weltberühmten Professor Joseph Beuys. Gemeinsam mit ihnen besetzte er das Sekretariat, nahm Namen und Anschriften auf, hieß die Studenten in seiner Klasse willkommen und forderte vom Sekretariat die Ausgabe von Studienbücher. Von seiten des Wissenschaftsministeriums hagelte es zunächst Verwarnungen, dann machte man mit den Demonstranten kurzen Prozeß. Der damalige Minister für Wissenschaft und Forschung, Johannes Rau, schrieb an Beuys:

»Die Fortsetzung des Dienstverhältnisses kann dem Lande Nordrhein-Westfalen nicht mehr zugemutet werden. Ich kündige daher mit sofortiger Wirkung gemäß § 626 des Bürgerlichen Gesetzbuches den mit Ihnen am 12. März 1969 abgeschlossenen Dienstvertrag. Gleichzeitig fordere ich Sie erneut unter Hinweis auf die Bestimmungen des Strafgesetzbuches auf, das Sekretariat der Staatlichen Kunstakademie sofort zu räumen.«

Raus größtem Irrtum verdankt die Kunstwelt diesen historischen Brief und das Beuys Multiple »Demokratie ist lustig«.

IHR HABT ES JA NOCH EINFACH! IM 20. JHDT. KÄM DIE ELEKTRIZITÄT DAZU, DIE DAMPF-MASCHINE, VON DER RELATIVITÄTSTHEORIE GARNICHT ZU REDEN, DER KAISERSCHNITT, DAS ENDOPLASMATISCHE RETIKULUM, DAS BAUHAUS, DER KATALYSATOR....

Domizil der Wissenschaften

1388 wurde die Universität Köln im Anschluß an das von Albertus Magnus geleitete »Studium generale« der Dominikaner gegründet. Sie war die erste deutsche Universitätsgründung, deren Initiative nicht von Fürsten, sondern von den Bürgern einer Stadt ausging. 1798 wurde sie von den Franzosen geschlossen, unter Konrad Adenauer 1919 wieder gegründet. Heute ist sie die drittgrößte der Bundesrepublik nach München und Berlin.

Wissensdurst

Durchschnittlich 35 000 Lernhungrigen im Jahr geben 1200 Dozenten in Köln in 2100 Kursen 70 000 Unterrichtsstunden in der damit größten Volkshochschule der Bundesrepublik.

Stadt der Brunnen und Denkmäler

Mit insgesamt 3200 registrierten Baudenkmälern steht Aachen an der Spitze in Nordrhein-Westfalen. Am »Puppenbrunnen« animieren wichtige Persönlichkeiten der Stadt wie etwa der Domherr, die Marktfrau, Professor oder Reitersmann als bewegliche Figuren die Passanten zum Spiel. Drei Damen mit Schirm beschreiben treffend das »Aachener Wetter«. Sogar der Straßenkehrer hat mit dem »Kehrmännchen« ein Denkmal bekommen.

Lebensweisheit im Rampenlicht

Das Kölner Altentheater des Freien Werkstatt Theaters ist das älteste der Bundesrepublik. Seit 1979 holen rund 20 Senioren im Theaterspiel die Erfahrungen und Eindrücke ihres ganzen Menschenlebens aus der Erinnerung zurück. In einem ihrer Stücke, der »Jahrhundert-Revue«, blättern sie in der Geschichte unseres Jahrhunderts. Es beginnt bereits in der Zeit, als es noch »zackig« zuging, mit preußischer Disziplin und Ordnung. Daß Erinnerung aber nicht nur mit Vergangenheit zu tun hat, sondern auch mit Gegenwart, Wünschen und Träumen, zeigen die durchschnittlich 76 Jahre alten Künstler, die zusammen rund 1500 Jahre gelebtes Leben auf die Bühne bringen.

Hier tanzen die Puppen

Im Kölner Hänneschen-Theater wird seit eh und je in kölnischer Mundart gespielt. Seit 1802 kommen Gäste in das Puppentheater, das zu den ältesten und größten der Welt gehört. Wenngleich das seit 1925 städtische Theater als »Puppenspiele der Stadt Köln« bezeichnet wird, sprechen die Kölner weiterhin von ihrem »Hänneschen«. Die Puppen sind so beliebt, daß die Besucher zur Karnevalszeit sogar in Kauf nehmen, sich rund 30 Stunden lang für die Puppensitzung selbst bei bitterster Kälte an der Kasse anzustellen. Auf Karten für die normalen Vorführungen muß man durchschnittlich höchstens 14 Monate warten. Vorbestellungen sind hier allerdings möglich!

Ohne den »Dritten Mann«

Die beiden Brüder Andreas und Mathias Pohlmann haben 1989 eines der ungewöhnlichsten »Köln«-Bücher in der winzigen Auflage von 5 Exemplaren veröffentlicht. Nachts haben sie Abzüge von den »Toren zur Unterwelt« gemacht, von den Verschlüssen zum Netz der unterirdischen Leitungen und Kanäle. Sie haben die Kanaldeckel entfunktionalisiert, abgelöst und anarchistisch gedruckt. Das »Coelner Grund-Buch« ist eine einmalige Information über Gulli-Deckel verschiedenster Formen und Größen.

IX. LIEBELEI, LEIDENSCHAFT, EROTIK

Einmal dabeisein

Der einzige Liebesakt im Rheinland, der im Grödnertal geschnitzt und überdies noch vergoldet wurde, befindet sich im Aachener »Ludwig Forum für Internationale Kunst« und kostete den begeisterungsfähigen Kunstmäzen Peter Ludwig etliche Tausender. Es ist der herrlichste Kitschgenuß im Rheinland, eine Selbstdarstellung des amerikanischen Künstlers Jeff Koons mit dem ehemaligen italienischen Pornostar »Cicciolina« alias Ilona Staller alias Frau Koons alias . . . ? in eindeutiger Position, ein Liebesakt mit Titel »Made in Heaven«.

Nicht die Länge macht's

Nach sechs Jahren Single-Dasein hatten ihre »Chefs« Mitleid und brachten »ihn« von einer schwierigen Expedition in Kanada 1975 mit. Seit 18 Jahren schwimmen sie nun gemeinsam durch's Leben, zum Glück sind keine nervigen Verwandten in der Nähe mit der penetrant-dummen Frage: »Klappt's denn bei Euch nicht?« Trotz der gigantischen Penislänge in gestrecktem Zustand von bis zu 70 cm, der normalerweise S-förmig in der tiefen Genitalfalte liegend verborgen ist, wartet »sie« immer noch auf »es« — oder doch nicht? Das einzige Weißwalpärchen Europas scheint sich im Duisburger Zoo auch ohne Kinder wohl zu fühlen.

Der dümmste Rheinländer

Ein Kalterherberger, also jener Bewohner am westlichsten Zipfel des Rheinlandes nahe der belgischen Grenze, der eigentlich zur Spezies »ostfriesischer Jeck« gehört, lief hektisch in das Geschäft »Farben für alle Zwecke« und verlangte nach »Hodenfarbe«. »So'n Schweinkram ham' wir nit«, entgegnete der Malermeister, konnte sich aber nicht die Frage verkneifen: »Für was brauchste die?« »Wegen meinem Cholesterinspiegel! Der Doc sagt, ich soll die Eier streichen.«

Lustvolle Nachlese

Nachdem er seine Ausstellung »Kunst und Puff« im Aachener Rotlichtmilieu auf die spektakulärste Weise durch die Medienwelt und das Gerede der Provinzler gejagt hatte, setzte der Künstler Win Braun am Eröffnungsabend des »Ludwig-Forum für Internationale Kunst«, am 27. 6. 1991, noch einen drauf und legte mit seiner Begleiterin den ersten und bisher einzigen Koitus auf dem Tisch eines rheinischen Museumsrestaurants in Anwesenheit der Eröffnungsgäste hin, die sich allerdings an der Orgie nicht beteiligten.

Tip für das langweiligste Hochamt

Sollten Ihnen bei einer einschläfernden Predigt im Kölner Dom fast die Augen zufallen, nichts wie los! Pirschen Sie sich blitzschnell, ohne großes Aufsehen zu erregen – das hat man hier nicht gern – nach vorn zum Hochaltar, zum Chorgestühl. Hier befinden sich die originellsten und reizvollsten Karikaturen menschlicher Schwächen geistlicher Würdenträger aus dem frühen 14. Jahrhundert.

Ein Szenario engumschlungener kuschelnder Liebespaare, listiger Weiber, Dämonen und Fratzen mit 'rausgestreckter Zunge bringen hemmungslos Schwung in die bizarre Welt des Klerus, und leidenschaftliche Männer buhlen um die Gunst holder Mädchen. Die gewagtesten Szenen befinden sich allerdings unter den Sitzen der Domherren, die werden Sie aber während der Messe kaum weglocken können, um einen ungenierten, wachhaltenden Blick draufzuwerfen.

Liebesrekord

Sie können es einfach nicht lassen, die Löwen im Duisbuger Zoo. Um die rekordverdächtige Produktion an Löwenbabies überschaubar zu halten, wird nun den turtelnden Raubkatzen ein Anti-Konzeptiva verabreicht. Nicht als »Anti-Löwenbaby-Pille« verfüttert, sondern in Form eines Dragees, das — während einer Narkose — in die Halshaut vernäht wird und einen Schutz von ungefähr neun Monaten garantiert.

Kerle, verliebt euch nicht in die Jungfrau!

Das Weibsbild mit den auffallendsten Maßen, dem kompaktesten Luxuskörper und einzigartigen Beinen trifft man in Köln in der Zeit vom 11. November bis Aschermittwoch. Allerdings ist der Schwarm eines jeden Männerherzens schwer zu erobern, denn das Mädel taucht nur in Begleitung auf. »Sie« ist die Dritte des legendären Dreigestirns. Die liebliche und maskulinste Jungfrau der Domstadt ist zwar ohne Busen, hat aber sonst alles, was einen wahren Mann potent und reizvoll macht.

Ungewöhnlichstes Rechnungswesen

Sozusagen eine Ausstellung mit Schlafmöglichkeit ist das Kölner Hotel Chelsea auf der Jülicherstraße. Es gab Zeiten, da bezahlten dort die Künstler die Betten mit Bildern. Die Fußballweltmeisterschaft in Mexiko brachte die Sache 1986 ins Rollen. Der Maler Martin Kippenberger setzte darauf, daß die deutsche Elf Vizeweltmeister werden würde. Er verwettete ein Bild im Wert von 1000 Mark gegen eine Woche im Doppelzimmer mit Frühstück am Bett. Hotelinhaber Werner Peters verlor! Der Künstler blieb wohl länger, spendete dem Chelsea dafür aber einen »großen Kippenberger«. Heute sind in allen 30 Zimmern museumsreife Originale zeitgenössischer Kunst zu sehen. Das Hotel Chelsea ist wohl das einzige Museum, in dem man angesichts der Kunst hemmungslos gähnen kann!

Zügellosester Pädagoge

Ein Kölner Professor für Psychologie wollte es genau wissen und nach dem Motto »je öfter, desto besser« in die Psyche seiner Studentinnen, pfui, pfui, durch die nackte Haut dringen. Er animierte seine Seminarteilnehmerinnen zu nacktem Baden und Sex, was dem geradezu rekordverdächtig omnipotenten Dozenten allerdings nach etlichen Eskapaden die Suspendierung durch das Düsseldorfer Wissenschaftsministerium einbrachte.

X. MEDIEN

Märchen-Marathon

Dem Westdeutschen Rundfunk gelang vom 1. bis 3. Januar 1993 ein fabelhafter Rekord. Dreißig Stunden lang lasen Prominente achtzig erfundene Geschichten der Gebrüder Grimm, Märchen von Andersen, Hauff und aus dem Orient. Mathias Wiemann servierte zudem zum ersten Kölner Märchen-Festival den »Dicken fetten Pfannkuchen«, Heinz Rühmann ließ die »Bremer Stadtmusikanten« aufmarschieren, und Gustav Knuth erschien in »Des Kaisers neue(n) Kleider(n)«.

Die bekannteste Straße

Die längste deutsche Fernsehserie ist die »Lindenstraße«, die am 9. Mai 1993 ihre 388. Folge ausstrahlte. Seit dem 8. Dezember 1985 flimmert sie sonntagabends im 1. Programm der ARD über die Bildschirme und bannt Millionen Zuschauer an die Mattscheibe. Bisher gab es über 1310 Haupt- und Gastrollen auf der 150 Meter langen Straße mit einer Gesamtfläche von 2500 Quadratmetern in Köln-Böcklemünd, wo die in München spielende Story gedreht wird.

Makabres Spektakel

Die sensationshungrigsten und skrupellosesten Journalisten jagten am 18. August 1988 in der Kölner Innenstadt dem »Interview ihres Lebens« hinterher. Gegen elf Uhr stoppte der

Fluchtwagen jener Verbrecher, die am 16. August eine Bank in Gladbeck überfallen hatten und zwei junge Frauen als Geiseln festhielten. Die von schaulustigen Passanten umringten Reporter interviewten das bewaffnete Gangster-Trio Dieter Degowski, Hans-Jürgen Rösner und Marion Löblich. Der sensationsgeilste Reporter stieg für seine »authentische Story« gar in das Auto der Geiselnehmer.

KÄPT'N, ICH KRIEG DIE DEUTSCHE WELLE NICHT R

Mediale Metropole

In Köln befindet sich nicht nur der Westdeutsche Rundfunk (WDR) als größte öffentlich-rechtliche Funk- und Fernsehanstalt Europas, sondern auch die »DEUTSCHE WELLE«, die am 2. Mai 1993 ihr 40jähriges Bestehen feierte und der einzige Sender ist, der sein Programm weltweit in 35 Sprachen ausstrahlt.

High Noon oder Zwölf Uhr mittags

Der »Frühschoppen«, den er 1952 ins Leben rief, machte Werner Höfer zum populärsten Journalisten. 35 Jahre lang moderierte er die politische Diskussionsrunde Sonntagmittag um 12 Uhr, an der internationale Journalisten und Korrespondenten teilnahmen. Die ursprünglich im Hörfunk übertragene Sendung war so erfolgreich, daß sie in das Hauptprogramm der ARD übernommen wurde.

Immer der Erste

Er ist der sensationellste, schnellste und aufdringlichste Fotograph von ganz Köln. Trotz seines Pseudonyms ist er stadtbekannt und hat nicht die geringsten Skrupel, alles zu tun, um ein Super-Foto für die große Boulevardzeitung zu schießen, für die er arbeitet. Er ist der einzige, der blitzschnell am Ort des Geschehens ist, er ist auch der einzige, der per Rollschuhe hemmungslos quasi von »Leiche zu Leiche« rast, denn in Köln findet sich immer der eine oder andere, der noch eine im Keller hat.

XI. MIESMACHER, NÖRGLER, NEIDER

Man muß och jönne könne

Provinzielle Kleingeister nahmen Professor Dr. Wolfgang Becker, gerade erst zum Leiter des Aachener »Ludwig-Forum für Internationale Kunst« ernannt, wenige Wochen vor der Museumseröffnung im Frühjahr 1991 seinen Ausflug in die erotische Welt der Freudenmädchen übel. Brüskierte Aachener wirbelten Staub auf, forderten die sofortige Entlassung und formierten sich zur massivsten Protestgruppe in der sonst selig ignoranten Provinz. Der kunstinteressierte Leiter hatte sich gründlichst umgesehen in der aparten Ausstellung »Kunst und Puff« und sich dummer- oder witzigerweise im Bordell zusammen mit Künstler, »Gastgeberin« und einem Kunstpenis, den er amüsiert untersuchte, auf einem Lotterbett ablichten lassen, um tagsdarauf von der 1. Seite der Lokalzeitung herab die frühstückende Leserschar zu »schocken«.

Die spektakulärste Kanzlertat

Als im informationslosen Sommerloch 1992 die Bonner Politprominenz emsig vor sich hinschlummmerte und Journalisten nur noch das Ende der Sauren-Gurken-Zeit herbeisehnten, wirkte die Einladung des Kanzlers zu einem der »gigantischsten Rheinspektakel« wie ein wahrer Muntermacher. Alle, die Rang und auch die, die keinen Namen hatten, fanden sich zur Pressekonferenz ein. Nach üblichem Small-Talk ohne Inhalte, stieg Helmut Kohl mit verblüffender Sportlichkeit die Reling hinab und ging trockenen Fußes über den Rhein. Jubel der Reporter, tosender Applaus der Kameraleute. Die Journalisten schrieben euphorische Lobeshymnen, nur die Miesmacher der linken Presse machten am nächsten Tag mit der Headline auf: »Kohl kann nicht schwimmen!«

They'll never come back

Als größte Nieder-Mach-Show des Landes hat sich die Talentprobe am Tanzbrunnen in Köln einen Namen gemacht. Trotz Muffensausen quälen sich die Schlagersternchen von morgen aus freien Stücken. Stehen voller Hoffnung auf den Brettern, die die Welt bedeuten, das »Casting«, das Vorsingen im Vorfeld, durch. Ein Spaß für jedermann, nur nicht für die Möchtegernstars, die vor lauter Lampenfieber ihre Texte, das Hüftschwingen oder den lockeren Gesichtsausdruck vergessen und neidlos die Teenies bewundern, die temperamentvoll ihre Liedchen ins Mikro schmettern. Sie sind die einzigen, denen nur selten Eier, Tomaten und andere Geschosse um die Ohren fliegen.

Raub der Kaffeekanne

Tatort: Eschweiler bei Aachen, Anfang 1993. Kurz nach Geschäftsschluß verließ die Filialleiterin eines Supermarktes ihren Arbeitsplatz und legte eine Tüte in ihr Auto. Blitzschnell stürzten zwei maskierte Männer mit Pistolen aus einem Opel Rekord. Sie ergriffen die Tüte, in der sie eine Geldbombe vermuteten, machten auf dem Absatz kehrt und waren weg. Erbeutet hatten sie eine leere Kaffeekanne und ein paar Lebensmittel.

Erstmalig ein Wort aus der letzten Reihe

Die Hinterbänkler hatten es satt und begehrten im Frühjahr 1993 erstmals in Bonn lautstark auf. Sie wollten endlich ihre Chance vergrößern, auch einmal zur besten Sendezeit durch bundesdeutsche Wohnzimmer zu flimmern. Daher setzten sie sich vehement für die Einrichtung eines eigenen Bundestag-TV-Kanals ein.

Wenig patent

Konrad Adenauer gilt als der einzige Politiker, der mit seinen Ideen ganze Aktenordner im Patentamt füllte. Eine seiner zahllosen Erfindungen war die auf dem Rückstoßprinzip basierende »Reaktions-Dampfmaschine«. Aber auch diesmal lehnte das Reichspatentamt Adenauers Antrag ab. Als die Amerikaner Jahrzehnte später die erste Rakete zum Mond schickten, erklärte Adenauer seiner Sekretärin Anneliese Poppinga: »Eigentlich habe ich das Raketenprinzip erfunden, aber die Leute im Reichspatentamt waren zu dumm, das zu verstehen.«

Frauen an die Macht

Die mieseste Verbal-Attacke ritt man 1984 in Bonn, als der Wechsel im Wirtschaftsministerium von Otto Graf Lambsdorff zu Martin Bangemann mit dem Spruch kommentiert wurde: »Ein Bein mehr und ein Kopf weniger«. Nachdem Helmut Hausmann freiwillig seine sieben Sachen gepackt und das Weite gesucht hatte, fragte die SPDlerin Ingrid Matthäus-Mayer anläßlich Jürgen Möllemanns Einzug in die wirtschaftliche Chefetage kokett: »Wie wäre es denn mal mit einem

Fachmann?« Nichtsahnend löste ihre Frage das beliebte Wortspiel unter Bonner Nörglern aus, das nach hunderttägiger Amtszeit von »Sexy-Rexi« alias Bundeswirtschaftsminister Günter Rexrodt im Frühjahr 1993 wieder aufgegriffen wurde und im resignativen Seufzen gipfelte: »Und nun auch noch ein Flachmann«.

Höchster Dom

Nachdem 1880 der langwierigste Dombau aller Zeiten zu Ende ging, und Köln sich der höchsten Kathedrale der Welt rühmte, begannen die Ulmer das Spiel des Miesmachens und ließen die Turmspitze des Ulmer Münsters durch Kirchenbauer im Jahr 1890 von 151 auf 162 Meter erhöhen, zum Ärger der Kölner, die wegen 5 Meter ihren Ruf als »Kirchturmhöhenrekordhalter« verloren.

Spontanste Antwort für karrieregeilsten Tiefflieger

Irmgard Schwaetzer soll einmal so richtig Dampf abgelassen haben, als der Puppenspieler von Bonn, Jürgen Möllemann, wenige Monate vor seinem endgültigen Abflug oder besser Absturz wieder einmal selbst die Fäden in die Hand nahm, um die wackere Fighterin erfolgreich vom frisch besetzten Außenministerstuhl zu katapultieren. Einem On-dit zufolge soll Irmchen gezischt haben: »Du intrigantes Schwein«.

W
S
N
O
RACKE
RACKE
RACKE

XII. SAMMLER, KÖNNER, MACHER

Der Tausendsassa von Köln

Einer der einfallsreichsten Kölner und immer für eine witzige, rekordverdächtige Idee zu haben, war Clemens Müter, der im Sommer 1980 zum ersten Rikschafahrer Europas gekürt wurde und sich im selben Sommer nach 102 Stunden den Weltmeistertitel im Schaukelstuhldauerschaukeln holte. Nach 1622 Paar blitzblank gewienerten Pumps, Mokassins und ausgelaschten Tretern wurde er zudem noch Schuhputzweltmeister.

Große Tiere

Dickhäuter in allen Varianten, aus Porzellan, Glas, Holz, Keramik, Stoff oder Bronze haben es dem Sammlerpaar Annegret und Josef Reinhard angetan. In ihrer Würselener Wohnung tummeln sich über 1650 Elefanten, die nicht nur europäischer Provenienz sind, sondern auch aus Afrika, Asien und Amerika stammen.

Bedächtigster Genießer

Im ältesten Rauchclub der Welt, im »Rauchclub Würselen 1876«, wurde im Herbst 1992 der Monschauer Polizeibeamte

Horst Milczynski Deutscher Meister im Pfeifen-Langsamrauchen.

Mit nur drei Gramm Tabak brannte seine Pfeife 2:15,26 Stunden. Mit seiner persönlichen Bestzeit verwies er die Konkurrenz von 95 männlichen und 25 weiblichen Teilnehmern auf die Plätze.

Frische Bohnen

Der Duisburger Konditormeister Otto Dobbelstein präsentiert in seinem vor 135 Jahren eröffneten Café die außergewöhnlichste und umfangreichste Sammlung an Kaffeemühlen. Rund 800 Exemplare unterschiedlichster Art und Herkunft sind zu sehen. Die riesigste Mühle befindet sich jedoch an der Außenwand des Cafés und ist mit ihren Maßen von 1,2 x 1,2 x 2,2 Metern nicht zu übersehen.

Na denn Prost!

Maria Boeven und Dieter Breuer sind die absoluten Stars in Sachen Biersortensammeln. Rund 2816 Biersorten aus 63 Ländern haben die in Würselen lebenden Bierkenner für ihre »Bier- und Weinbrandecke« seit 1984 zusammengetragen. Deutschlands Bierkönigin hält für den Nachdurst zudem das größte Mineral- und Heilwassersortiment mit 307 Sorten aus sechs Ländern bereit.

Kastanien für Gummibärchen

Seit fast drei Jahrzehnten gibt es das süßeste, einzigartige »Geschäft« im alten Fabrikgelände der Firma Haribo an der

Friesdorfer Straße im Bonner Stadtteil Bad Godesberg. Im Oktober können Kinder eine Woche lang ihre gesammelten Kastanien oder Eicheln im Tausch von 10 zu 1 Kilo (bei Eicheln gibt's etwas mehr) gegen die weltbekannten Gummi- oder Lakritzprodukte eintauschen. Absolute Nutznießer sind neben den kindlichen Naschkatzen Hirsche und Rehe, denn das Sammelgut wandert in das Wildgehege des Besitzers Hans Riegel.

Diese Super-Süße-Aktion erfuhr Anfang der 90er Jahre allerdings auch einen ihrer miesesten Rekorde: Förster und Superschlaue hatten lastwagenweise Kastanien vor die Werkstore gekarrt, chaotische Verkehrsverhältnisse mit Straßensperrungen, eine vorübergehende Unterbrechung dieses »Handels« und Enttäuschung bei den Kinder.

Zum Einpacken

Seit 17 Jahren sammelt der 43jährige in Düren lebende Heinz Schmidt-Bachem Behältnisse ganz besonderer Art: Spitztüten, Papierbeutel, Plastikbeutel, Papier- oder Plastiktragetaschen aus aller Herren Länder. Sein bisher ältestes Exponat stammt aus dem Jahr 1920 und ist Bestandteil einer Sammlung von weit mehr als 70 000 Exemplaren, die nicht nur aus Sammelleidenschaft bewahrt werden. Sie dienen dem Lehrer als kulturgeschichtliche Informanten, geben Aufschluß über die Geschichte der Zivilisation und Entwicklung einer Alltagskultur. Der einzige weiße Fleck der Sammlung ist Albanien, dieses Land ist »papier- oder plastikmäßig« noch nicht vertreten.

Kein Schwindel

Die 10jährige Sabrina Boeven aus Würselen ist stolze Besitzerin einer Bierflaschen-Etikettensammlung. 43 000 Schildchen hat sie von Bierflaschen aus aller Welt abgelöst, ohne einen einzigen Schluck »aus der Pulle« getan zu haben.

XIII. SPORT

Per Mülltonne durch die Galaxis

Hans Mühling aus Gremberghoven ist der schnellste »Mülltonnen-Schieber« der Welt. Ihm gelang es, am 1. Mai 1980 die von Wadenkrämpfen und Blasen geplagte Konkurrenz, bestehend aus 15 Schiebern und 2 Schieberinnen auf der Distanz von Brüssel nach Hürth hinter sich zu lassen. 35 Stunden, sieben Minuten und elf Sekunden benötigte der Bundesbahnbeamte(!), um die Tonnen auf einer Strecke von 270 Kilometern durch's Rheinland zu rollen.

Sieger der Straße

Der Wahl-Aachener Olaf Ludwig ist der erste deutsche Radprofi, der als Weltcupsieger die Trophäe der Straßenradprofis 1992 erringen konnte.

Auf den Arm genommen

Wer will nicht einmal eine Blondine in aller Öffentlichkeit auf den Armen halten, ohne sie gleich über die berühmt-berüchtigte Schwelle tragen zu müssen? Der 37jährige Sportlehrer und Bodybuilder Wolfgang Bücken hat seinen verwegenen Traum am 25. Mai 1991 in der Aachener Harscampstraße Realität werden lassen. Allerdings waren ihm die 53 kg der Iris Faßbender alias Miß Nordrheinwestfalen zu mickrig, und so ließ er sich von vier Mitarbeitern die Miß und dazu einen roten, 695 kg schweren Nissan Micra im Autohaus Huppertz auf seine verschränkten Arme legen. Er stemmte das kostbare Gewicht 15 Sekunden lang in Brusthöhe, was ihm bisher keiner nachgemacht hat.

Saubermänner in Aktion

40 Stunden Schrubber-Ballett tanzten Ende Mai 1980 fünf junge Herren vom Sportverein Berzdorf. Im Tag- und Nachteinsatz reinigten sie eine Fläche von 364 000 Quadratmetern und legten dabei 108 Kilometer zurück. In der Zeit fielen den Steinen 32 Schrubber zum Opfer.

Rasende Litfaßsäulen

Eine Kolonne von Litfaßsäulen bestritt auf einer Distanz von gut 180 Kilometern im Sommer 1980 die Weltmeisterschaft im Litfaßsäulenrennen. Nur neun der zehn mobilen Plakatpfeiler, die vier Tage lang durch den Kölner Süden und gesamten Erftkreis gehechelt waren, kamen saft- und kraftlos ins Ziel. Einem Läufer gelang kurz vor Schluß zufällig die witzigste Einlage: er stolperte mit seiner Säule, rollte auf den stark befahrenen Militärring und hat die rekordverdächtige Akrobatik überlebt.

Fliegende Pflaumenkerne

Seit acht Jahren findet in Mechernich-Lückerath jeweils am dritten Septemberwochenende die »Prommekern-Weitspuck-Weltmeisterschaft« statt. Rund 100 bis 120 Teilnehmer mit holländischer und belgischer Beteiligung gehen an den Start und verkonsumieren kiloweise Pflaumen. Absoluter Rekordspucker wurde am 17. September 1989 der 48jährige Schlosser Josef Mertens, der seinen Prommekern 12,95 Meter weit jagte und bis heute ungeschlagener Rekordhalter ist.

Littis Anatomie

Prominente und erfolgreiche Fußballspieler gibt's im Rheinland genug, aber nur wenige mit unverwechselbaren Beinen. Dribbel-Künstler und Weltmeister von 1990, Pierre Littbarski, der für den 1. FC Köln über 400 Bundesliga-Spiele und als Ex-Nationalspieler 73 Länderspiele absolviert hat, kann sich unbestritten der krummsten Beine rühmen.

Ze Fooß no Kölle

Im Sommer 1984 wurde der Kölner Clemens Müter auf der Strecke Paris-Köln Weltmeister im »Bettenschieben«. Mit der TÜV-geprüften »Clementine I«, seinem mit Beleuchtung, Bremsen und Lenkung ausgestatteten rollenden Bett, legte er 741 Kilometer zurück. Schwierigkeiten auf der Rallye, die ihn acht Kilo Gewicht und mehrere Paar Schuhe kostete, hatte er nur zu Beginn unter'm »Arc de Triomphe« zu bewältigen, wo man ihn für einen Demonstranten in Sachen Erotik hielt.

42,195 Kilometer im Laufschritt

Gregor Krings rief im Sommer 1977 den anspruchsvollsten Marathon Deutschlands mit 161 TeilnehmerInnen ins Leben. Inzwischen besteht das Läuferfeld aus rund 1000 Teilnehmern, die von der Anstrengung fasziniert sind, denn der Monschau-Marathon gilt wegen seiner Steigungen und Streckenführung als der landschaftlich reizvollste und kräftezehrendste Marathon.

Spitzenmannschaft

Die erfolgreichste Welthandballmannschaft ist der VfL Gummersbach, der seit 25 Jahren in der Bundesliga spielt und lange Zeit im Europacup. Die wohl beste Saison für den VfL dürfte der Herbst/Sommer 1982/83 gewesen sein: Der VfL wurde Europacupsieger, zum neunten Mal Deutscher Meister sowie Deutscher Pokalsieger, gewann den Supercup und wurde »Mannschaft des Jahres«. Der VfL, der 12 internationale Titel vorweisen kann, ist zudem der erste gesamtdeutsche Handballmeister.

Das erste europäische Kamelrennen

Als größte Attraktion auf deutschen Galopprennbahnen gilt das erste Dromedarrennen, das am 20. September 1969 in Köln-Weidenpesch ausgetragen wurde. Die marokkanische Armee bestritt den sechs kilometerlangen Wettkampf und schickte acht Dromedare, also ausschließlich einhöckrige Kamele, aus Nordafrika auf die Bahn.

Wo Favoriten den Tod finden

Am 2. Mai 1993 wurde das erste Wildwasser-Weltcup-Rennen Deutschlands vom Kanu-Club Grün-Gelb Köln in Monschau ausgerichtet. Es beteiligten sich 320 Teilnehmer aus rund 12 Nationen. Die Strecke von 6200 Metern über die beiden

schönsten Wildwasserflüsse Nord-Westdeutschlands, den Perlenbach und die Rur, gilt als schwierig und landschaftlich einmalig, denn die Fahrt führt nach der Bewältigung von Kaskaden und Wehren durch das Herz der historischen Altstadt. Bei etwa 18 Minuten Fahrzeit über starke Wellen, Walzen, scharfes Kehrwasser und den »Favoritentöter« können die Wassermeister nur rund 8 Sekunden gutmachen.

XIV. TIERISCHES

Elefantös

Nicht dem Esel, sondern einem kleinen, ganz jungen Elefanten des Zirkus Althoff wurde es am 21. Juli 1950 in der Wuppertaler Schwebebahn zu wohl. Er wollte 'raus aus der schaukelnden Gondel. Das zu Werbezwecken beförderte tierische und kostbare Gut trat kurzentschlossen die Wagenwand ein und flog kopfüber in die Wupper. Das eigensinnige, dickhäutige Rüsseltier, das »den« Werbespot an sich managte, trug lediglich Kratzer davon.

Zu teurer Waldi

In Köln riefen rund 300 Hundehalter Anfang 1993 zur ersten Hunde-Demo auf. Sie waren stinkesauer wegen der erhöhten Hundesteuer. Der Protest der Hundebesitzer verlief jedoch erfolglos, und so liefen erstmalig die Telefone bei den Tierärzten heiß: Frauchen und Herrchen wollten wegen der hohen Kosten die Vierbeiner einschläfern lassen. Bedauerlicherweise wollten sich die Tierärzte zu einem möglichen »Hunde-Einschläfer-Rekord« bisher nicht äußern.

3000 x lebenslänglich

Offensichtlich fühlen sich die Tiere im Duisburger Zoo, die zu 80 bis 90% in menschlicher Obhut gezüchtet werden, dort pudelwohl. Die beiden Weißwale leben dort schon seit 1969, sind also schon älter, als sie in Freiheit aller Voraussicht nach je werden würden. Jährlich werden dort auch rund 150 Zebras geboren. Die Anzahl der Löwen muß sogar schon mit Anti-Baby-Pillen geregelt werden. Aber auch den Menschen scheint es zu gefallen: Jährlich kommen fast 1 Million Besucher — mehr als in Oper, Theater, Konzerte, Volkshochschul- und Sportveranstaltungen zusammen.

Walfang à la Münchhausen

Obwohl die meisten der Tiere im Duisburger Zoo nicht in Freiheit geboren wurden, gibt es doch mindestens zwei Ausnahmen: Die beiden einzigen außerhalb Nordamerikas gezeigten Weißwale. Die Mannschaft des Duisburger Zoos fing mit Hilfe von Eskimos am 4. und 5. August 1969 in der kanadischen Arktis zwei fast ausgewachsene Weißwale im wahrsten Sinne des Wortes »mit der Hand«. Ohne Netz oder andere Hilfsmittel sprang man vom Boot auf den Rücken der dahinschießenden Wale, um diese dann sozusagen zum Ufer zu »reiten«. Die Aktion gelang!

Termitenfressende Zeitgenossen

Im Jahr 1985 gelang im Krefelder Zoo die erste europäische Aufzucht eines kleinen Ameisenbären, jenes possierlichen, zahnlosen Säugetieres, das 1,2 Meter – mit Schwanz 2,1 Meter – lang ist.

Königliche Knöllchen

Auf der Weltmesse des Pferdesports, der Equitana in Essen, hatte 1993 die »Royal Mounted Police« aus England zum ersten Mal das Erlebnis eines deutsch-britischen Streifenritts. Gemäß dem Motto »Pferdeland Europa – Markt ohne Grenzen« wollten die königlichen Reiter, die sonst vor allem bei Gala-Auftritten des Königshauses ihr Bestes geben, gemeinsam mit deutschen Polizeireitern Verkehrssünder vom hohen Roß aus verfolgen und ihnen die Rarität, das »Knöllchen royal«, verpassen.

Affengeil

Lange Zeit war das Duisburger Affenhaus, das sogenannte Äquatorium, das baulich größte Affenhaus Europas. Bis zum heutigen Tag verfügt es immer noch über die umfangreichste Primatensammlung in Europa und kann 140 Affen und Halbaffen in 28 Arten vorweisen.

XV. VERGNÜGEN UND FREIZEIT

Der Dickhäutigste kommt durch

Der 40jährige Kölner Clemens Müter stellte am 3. Juni 1980 den Weltrekord im Dauerwannenbaden auf. Sein Mitstreiter, der mit ihm im schaumigen Naß aufweichte, gab jedoch wegen Blasen am Hintern vorzeitig auf. Müter hielt 173 Stunden durch.

Renaissance

Erstmalig nach 72 Jahren riefen die Krefelder am 4. Oktober 1975 den historischen Flachsmarkt rund um die Burg Linn erneut ins Leben. Der größte Handwerkermarkt Deutschlands, der einmal im Jahr stattfindet, hat eine jahrhundertealte Tradition. Um 1315 fand der erste Flachsmarkt statt und diente viermal im Jahr für Tauschgeschäfte und als Jahrmarkt zur Volksbelustigung. 1903 kam das Aus, als die Linner Bauern den Flachsanbau einstellten.

Action in der kleinsten Hütte

Was haben die Telekom und ein Tischtennisball gemeinsam? Richtig, nichts — außer der Wißbegier von seiten der Postler, denn sie wollten wissen, wieviele der weißen Plastikbälle in einer »Ruf-doch-mal-an-Box« Platz haben. 5189 der runden Zelluloidkugeln ließen sich hineinstopfen. Niemand hatte Erbarmen mit dem jungen Aachener, der sich um nur sieben dieser eigensinnig springenden Bällchen verschätzt hatte und den Rekord in der Kategorie »Telefonzellentischtennisballratenummer« um Haaresbreite verpatzt hatte. Ärger im Pech: ihm ging zudem das 18 000-Mark-Auto durch die Lappen, das einer der knauserigsten Sponsoren ausgelobt hatte, denn der wollte das Vehikel – nur – für die richtige Antwort 'rausrücken.

Widerwärtigster Gestank

Die bis zu 75 Grad Celsius heißen Thermen Aachens sind seit Jahrhunderten in ganz Europa bekannt und verhalfen der Stadt Kaiser Karls zu internationalem Ruf als Kurort. 32 Herrscher wurden in Aachen gekrönt und stiegen ins heilende Naß, um Zipperlein und manche Geschlechtskrankheit zu kurieren. Sie alle haben gewiß Karl dem Großen insgeheim beigepflichtet, denn er hatte es auf den Punkt gebracht und verkündet: »Ich mag die heißen Quellen, auch wenn sie schlimmer stinken als der gekochte Dreck von Teufeln.«

Und es entgeht einem nichts

Die einzige Stromgondelbahn Europas führt Besucher, die die rheinische Metropole einmal von oben überblicken wollen, auf einer Entfernung von 930 Metern in »freier Spannweite« vom Kölner Zoo bis zum Rheinpark in 479 Meter Höhe.

Präsente auf 90 Quadratmetern

Am 1. Dezember 1980 wurde nach 400 Arbeitsstunden der größte Adventskalender der Welt im Hürth-Park enthüllt. Etwa 5000 Besucher versuchten, aus dem Bauch des drei Meter langen Weihnachtsmannes die versteckten Überraschungen zu angeln oder die Schlüssel zu ergattern, um die Türchen des 12,50 Meter hohen und 7,20 Meter breiten Kalenders öffnen zu können.

Das Jahr der Jubiläen

Im Jahr 1988 feierten die Kölner eine Menge an Jubiläen: den 700. Jahrestag der Schlacht von Worringen, das 600jährige

Bestehen der Universität und 100 Jahre Köln als Großstadt. Am 17. und 18. September tanzten 1,2 Millionen Besucher bei einem der größten Straßenfeste der Bundesrepublik anläßlich der Neueröffnung der Ringe zwischen Christophstraße und Rudolfplatz über Tische und Bänke und verkonsumierten 25 000 Liter Kölsch, 5000 Flaschen Champagner und 500 000 Bratwürste.

Tag der flotten Nummern

Für Lottofreaks war der 3. Februar 1993 ein Festtag, denn an diesem in der 37jährigen Lottogeschichte einmaligen Mittwoch konnte unter bestimmten Bedingungen zum halben Preis gespielt werden. 33 Millionen Spieler schickten ihre Scheinchen nach Köln, wo sonst mittwochs nur schlappe 1 Million Scheine eintrudeln. Der sensationelle Umsatz von knapp 40 Millionen Mark stellte den üblichen Mittwochumsatz von rund acht Millionen spielend in den Schatten.

Das Land der unbegrenzten Möglichkeiten

Deutschlands größter und meistbesuchter Freizeitpark ist das Phantasialand in Brühl. Auf 280 000 Quadratmetern kann man in Nachbauten eine kleine Reise um die Welt unternehmen, darunter China Town, das Brandenburger Tor, Petit Paris oder die Westernstadt Silver City. Erleben kann man dort aber auch Action bei rasanten Fahrten durch den Grand Canyon oder Unterhaltung bei den weißen Tigern. Jährlich kommen rund 2,3 Millionen Besucher ins Phantasialand zwischen Köln und Bonn.

XVI. VERKEHR

Die gekidnappte Currywurst

Die wohl weltweit einzige Entführung einer Pommesbude ereignete sich Anfang der siebziger Jahre in Bonn in der Nähe des Hauptbahnhofes, wo eine Gruppe fideler Abiturienten kurzum die Frittenbude samt hähnchengrillender Mamsell schnappte und sie an eine Straßenbahn anband. Das war die Geburt der ersten rheinischen Imbißbude im Linienverkehr.

Erster Viertakt-Benzinmotor

In der historischen Motorensammlung des Kölner Konzerns Klöckner-Humboldt-Deutz (KHD), über die seit Ende 1992 die Stadt Köln als Dauerleihgabe verfügt, befindet sich unter 90 Motoren-Raritäten auch der erste Viertaktmotor der Welt, den der Motorenfreak und Ingenieur Nikolaus August Otto (1832-1891) im Jahr 1876 erfand, zwölf Jahre nachdem er zusammen mit dem Zuckerfabrikanten Eugen Langen (1833-1895) in Köln die weltweit erste Motorenfabrik »N.A. Otto und Cie.« gegründet hatte, aus der der spätere KHD-Konzern hervorging.

Billigste Taxifahrt an die Seine

»Geld spielt keine Rolle«, versicherte eine 73jährige Rentnerin und bestieg in Düsseldorf ein Taxi, das sie nach Paris chauffieren sollte. Bei Ankunft in der französischen Metropole traf den Taxifahrer der Schlag, denn die Dame hatte keine müde Mark in der Tasche. Wütend über derartige Dreistheit fuhr er seinen mittellosen Fahrgast zurück zum nächsten deutschen Polizeipräsidium, wo man die Dame »als geistig verwirrte, alte Bekannte« identifizierte und die billigste Taxifahrt von der »Kö« bis an die Seine mit einem müden Achselzucken quittierte.

Sicherster Verkehr

Die Stadt Köln ließ 1993 durch Taxifahrer 10 000 Gratis-Kondome verteilen, um während der tollsten Tage im Rheinland mit diesen kostenlosen karnevalistischen Überziehern, den »Jecke-Packs«, etwas in Sachen »Safer Sex« und »Aids-Aufklärung« zu tun.

Witzigster Protest

In Düsseldorf hielt im Frühjahr 1993 ein ideenreicher Komiker Bürger und Polizei zum Besten und protestierte mit den amüsantesten Straßenverkehrsschildern Marke Eigenbau gegen den wachsenden, immer unübersichtlicher werdenen Schilderwald. Diese Aktion mit den echt wirkenden Nonsense-Schildern à la »Abbiegen erlaubt nur für Autos mit und ohne Reifen« oder »Absolutes Halteverbot ohne PKW« sei im Düsseldorfer Verkehr bisher einmalig, kommentierte ein Polizeisprecher.

Ignorantester Rowdy

Ein Gastwirt, der innerhalb eines Jahres über 114 Mal seinen fahrbaren Untersatz im Halteverbot geparkt, Parkuhren souverän die kalte Schulter gezeigt hatte und von 3500 Mark aufgelaufener Parkschulden keinerlei Notiz nahm, wurde vom Kölner Verwaltungsgericht hemmungslos zum Fußgänger gemacht. Man entzog dem notorischsten Falschparker der Stadt Köln auf unbefristete Zeit den Führerschein.

Der treueste Fan

Wenn auch der »Alte« sich schon seit Jahrzehnten aus der Republik verabschiedet hat, läßt das Interesse am ersten Bundeskanzler Deutschlands kaum nach. Die zweimillionste Besucherin, Gisela Gans aus Bad Schwalbach, pilgerte im November 1992 nach Rhöndorf ins Siebengebirge. Die interessierte Verehrerin konnte sich den Blick in das Konrad-Adenauer-Haus, wo der »Alte« gelebt hatte, einfach nicht verkneifen.

Ganz in Weiß

Die meisten Hochzeitspaare, die jemals auf einem Flughafen eincheckten, um gemeinsam in die Flitterwochen zu starten, versammelten sich im November 1992 auf dem Düsseldorfer Airport. 80 Paare – alle in altarmäßiger Montur – hatten bei einem Fotowettbewerb eine Woche luxuriöses Flittern in Griechenland gewonnen. Sieger konnte allerdings nur werden, wer auch bereit war, im festlichen Dress auf dem Flughafen zu erscheinen.

Die am besten berechnete Baumaßnahme

Beim Bau des Aachener Kreishauses 1957 hatte der Kreisbaudirektor eine Katzentüre einbauen lassen, damit seine Katze ihn laufend besuchen könne. Links um die Ecke neben dem Eingang für Menschen befand sich der »Privat-Eingang« für Katzen. Als der Katzenfreund in Ruhestand ging, wurde das Katzentürchen wieder zugemauert. Pech für alle zu spät kommenden Katzen!

Bußgeldfähigster Ritt

Im Namen des Königs wurde der »Kaufmann Alfred Krupp zu Eßen« 1853 vom Königlichen Kreisgericht wegen zu schnellen Reitens in der Eppinghoferstraße im Stadtbezirk Mühlheim zu einem Bußgeld verknackt. Während der Angeklagte Krupp Königlichen Kreisgericht einen »kurzen Handgallopp« gestand, bezeugte der Gendarm hingegen einen »Attaquen Gallopp«.

Also mußte Krupp zahlen, und eines ist sicher, ob per Hand oder Attacke — es handelte sich auf jeden Fall um den Ritt auf einem Pferd.

Gewichtige Verfrachtung

Die beiden bedeutendsten deutschen Binnenhäfen befinden sich im Rheinland. Während in Köln über 10 Millionen Tonnen Güter umgeschlagen werden, bewältigt Duisburg in den meisten Jahren über 50 Millionen Tonnen. In Duisburg befindet sich das größte Binnenhafensystem Europas, das mehr als 20 Hafenbecken umfaßt und zugleich den größten Flußhafen der Welt bildet. Heute dehnt sich das Gesamtgebiet auf über 904 Hektar aus.

Luftigste Bahn

Die einzige Schwebebahn der Welt wurde 1901, nach fünfjähriger Bauzeit, in Wuppertal in Betrieb genommen. Mit einer maximalen Geschwindigkeit von 60 Stundenkilometern transportiert die einschienige Hängebahn auf einer Strecke vn 13,3 Kilometern in ihren Gondeln 120 Fahrgäste über Stadt und Wupper von Stadtteil zu Stadtteil. Bis zu 120 Fahrgäste können jeweils mitfahren, davon haben 48 die Gelegenheit zu sitzen. Zwischen 1898 und 1903 wurde an der Schwebebahn gebaut, das erste Teilstück 1901 in Betrieb genommen.

Mehrgleisig in die Welt

1100 Euro- und Intercity-Züge rollen am Kölner Hauptbahnhof jeden Tag über die Gleise. Ende der 90er Jahre wird die Stadt an das europäische Hochgeschwindigkeitsnetz angeschlossen. Schon jetzt steigen täglich bis zu 150 000 Fahrgäste am Kölner Hauptbahnhof ein und aus. Damit ist er die die Nummer eins unter den deutschen Bahnhöfen.

Rallye Köln-Aachen

Er ist der prominenteste, erfolgreichste und rigoroseste Regierungspräsident in Sachen Verkehr. In regelmäßigen Abständen ordnet Dr. Franz-Josef Antwerpes auf der A 4, der Autorennbahn von Köln nach Aachen, Geschwindigkeitskontrollen an, um die Nebelraser in flagranti zu erwischen. 40 Prozent der Fahrer stecken üblicherweise »Knollen« ein, wenn der RP zur Razzia bläst. Rekordhalter ist ein Fahrer, der die 80km/h-Schaltung auf der Ampelbrücke bei Sichtweiten von 60 Meter mit 137 Sachen passierte. Am selben Tag erlebte der längst sprachlos gewordene RP, der im Verkehr gern selbst Hand anlegt, um gefährlichen Massenkarambolagen vorzubeugen, mit einem Sattelschlepper eine Begegnung seltener Art. Das brummende Monster passierte bei Überholverbot und einer 60 km/h-Beschränkung mit über 100 km/h den Dienstwagen des RP.

XVII. WAS MAN WISSEN SOLLTE

Die längste Kloake Deutschlands

Vater Rhein, der in Graubünden entspringt und in Holland in die Nordsee mündet, weist eine Gesamtlänge von 1320 Kilometer auf. Er ist mit seinen 865 Kilometern, die er durch Deutschland fließt, nicht nur des Landes längster, sondern zudem sein schmutzigster, aber auch sein meist besungener Fluß.

Museales Abenteuer

Aus der größten Schirmfabrik der Welt, die 1927/28 in Aachen im Bauhausstil errichtet wurde, wagte Aix-la-Chapelle 1991 die Einrichtung eines »Weltkunstzentrums« mit Namen »Ludwig Forum für Internationale Kunst«.

Das musikalische Quartett

In Erinnerung an die erfolgreichste Popgruppe der 60er Jahre, an die Vier mit dem unverwechselbaren Haarschnitt, die die Musikkultur der 2. Hälfte des 20. Jahrhunderts nachhaltig beeinflußt haben, wurde in der Kölner Heinzbergstraße Nr. 13 Europas einziges Beatles-Museum eingerichtet.

Für die neue Bikinidiät

Das erste deutsche Obstmuseum, das Fruchtfreaks rundum informiert, befindet sich in Köln-Porz.

Blauer Dunst

Seit der Fusion führender Tabakwarenfachgroßhändler am 1. Januar 1974 stieg 1993 ihr Umsatz mit Glimmstengeln aller Art von 240 Millionen auf über 3 Milliarden Mark. Die Tobaccoland Großhandelsgesellschaft, mit Hauptsitz in Mönchengladbach, hat 18 Niederlassungen und unterhält mit bundesweit rund 100 000 Zigarettenverkaufsautomaten das größte Absatzstellennetz der Welt.

Keine Ahnung von Tuten/tuten und Blasen/blasen?

Für die Unsicheren der Republik, orthographisch gesehen, bietet Aachen einen einzigartigen Service an: das »Grammatische Telefon«. Es ist die bekannteste und älteste Sprachberatungsstelle im deutschsprachigen Raum. Sie beantwortet monatlich über 1000 telefonische Anfragen — auch die der wißbegierigen europäischen Nachbarn.

Unschlagbar

Der berühmteste Kölner Oberbürgermeister, Konrad Adenauer, wurde im September 1949 im Alter von 73 Jahren mit einer (man munkelt mit seiner eigenen!) Stimme zum ersten

Bundeskanzler der Republik gewählt. Bisher hat ihm keiner seiner Nachfolger die Amtszeit von 14 Jahren nachgemacht. Adenauer, der vier Kabinette führte, trat im Oktober 1963 im Alter von 87 Jahren zurück und starb vier Jahre später am 19. April 1967.

Eindeutiges Handzeichen

Man könnte die Aachener für die unverschämtesten Zeitgenossen Deutschlands halten, wenn man ihre traditionellste Begrüßungsweise beobachtet, nicht genau hinsieht und nicht weiß, was sie bedeutet. Die Öcher recken, wo immer sie — meistens im Autoverkehr — Bekannte erspähen, nein, nicht den Mittelfinger, sondern den kleinen Finger auffallend und eindeutig in die Luft, den »Klenkes«. Das Öcher Handzeichen rührt aus der Blütezeit der Nadelfabrikation, wo mit abgespreiztem kleinen Finger die Nadeln gerollt wurden, um die schiefen und krummen zu erspüren und sogleich auszusortieren.

Nichts ohne die Fans?

Die in Köln produzierte Fernsehserie »Lindenstraße« dürfte die einzige »soap-opera« sein, die in der rheinischen Metropole von einem eigenen Pressebüro betreut wird und sich agiler Fan-Clubs erfreut. Am wirkungslosesten agierte der 1. Bamberger Fanclub, als die Mutter der Nation, Helga Beimer, von ihrem treulosen Hansemann auf's Abstellgleis befördert wurde. Die Fans forderten mit einer Riesen-Unterschriften-Aktion und einem Protestmarsch durch die Stadt die Beimersche Wiedervereinigung — ihr Engagement ließ die Kölner Macher jedoch bislang ungerührt.

Blitzblank

Die schnellste Piste für Rollschuhfreaks befindet sich in Köln an zentaler Stelle — auf der Domplatte — direkt vor dem höchsten Gebäude der Stadt.

Einmal an ihr schnuppern

Die »große, alte und bekannteste Dame« unter Kölns Gärten ist »die Flora«, die 1864 im englischen Gartenstil angelegt wurde. Die Oase mit phantastischem Baumbestand ist umgeben vom Botanischen Garten, der rund 12 000 Pflanzen- und Baumarten aufweisen kann.

Bitte ein Kölsch!

Die Kölner Musikband mit dem witzigsten Namen ist »The Piano has been drinking«. Wer wissen will, was das durstige Tasteninstrument am liebsten konsumiert, wird enttäuscht sein, das »Getränk« ist top secret. Allerdings kommt man dem Geheimnis auf die Spur und zugleich auf den Geschmack, wenn man sich in eines der fetzigen Konzerte der bekannten Popgruppe begibt.

Leben voller Widerstände

Der Physiker Georg Simon Ohm entdeckte 1826 in Köln die Beziehung zwischen Spannung, Stromstärke und Widerstand. In vielen Versuchen fand Ohm heraus, daß bei konstanter Spannung die Stromstärke mit zunehmender Länge des Stromleiters abnimmt. Mit dieser Erkenntnis wurde die Naturgewalt Elektrizität beherrschbar. Nach ihm wurde das Einheitszeichen Ohm benannt, daß Maß für den elektrischen Widerstand.